의회의 리비히 법칙

의회의 리비히 법칙

초판 인쇄 2004년 1월 29일
초판 발행 2004년 1월 31일
지은이 이재천
펴낸이 홍석
펴낸곳 도서출판 풀빛
등록 1979년 3월 6일 제 8-24호
주소 120-818 서울특별시 서대문구 북아현3동 177-5
전화 02-363-5995(영업), 02-362-8900(편집) 팩스 02-393-3858
homepage www.pulbit.co.kr

ISBN 89-7474-893-2 03340

값 12,000원

의회의
리비히
법칙

이재천 지음

풀빛

"다른 사람을 지배하는 권력을 택하지 말고,

다른 사람과 함께 하는 권력을 택하라.

그 자체가 목적인 명성을 택하지 말고,

더 큰 목적을 이룰 수단으로 명성을 택하라.

남들의 희생을 대가로 성공을 택하지 말고,

다른 사람을 돕는 도구로 성공을 택하라.

그리고 온갖 희생을 다 치른 승리를 택하지 말고,

남들은 전혀 희생시키지 않는 승리,

나아가 그들에게도 이득이 되는 승리를 택하라."

—닐 월쉬—

한지현

광운대 국어국문학과 교수

(사)한울안 운동 대표 Ⅰ 원불교 여성회 회장

평소 잘 알고 지냈거나 자주 만나는 사이가 아니었음에도 불구하고, 그렇다고 이름만 걸어도 도움이 되는 그런 유명인사는 더더욱 아닌 나에게 이재천 님이 글써주기를 부탁했을 때, 무엇이 그로 하여금 나에게 그런 부탁을 하게 했을까 궁금해 하면서도 조심스럽게 응낙하였습니다. 내가 모르는 사이에 그에게 간파당한 부분이 있었던 것 같아서 나 또한 그를 알고 싶다는 호기심도 반은 되었습니다. 처음부터 정성들여 읽기 시작했는데 청탁을 받은 지 한 달이 다 되어서야 그의 글 읽기를 끝마쳤습니다. 매일의 번거로운 일정이야 있었지만 한 달이 걸릴 만큼 긴 글은 아니었는데 말입니다.

첫 페이지부터 나는 술술 읽어 내려갈 수가 없었습니다. 간결한 문장과 섬세한 표현, 그리고 정연한 논리는 소위 직업이 국어 선생인 나에게도 부러움을 느끼게 할 만하였습니다. 그러나 나를 숙연하게 한 것은 글의 내용이었습니다. 나는 거의 문단 하나를 읽을 때마다 멈춰 서서 다시 한번 생각해보지 않을 수 없었기 때문입니다.

재선 지방의원으로서 그가 활동해온 정치판과, 재야인사의 가족 그리고 NGO판에서 활동해온 내 인생경력은 일견 아무 관련이 없어 보입니다. 그러나 그의 글을 읽으면서 나는 그와 내가 같은 세상에서 살고 있음을 실감하였습니다. 그는 권력이 만들어내는 현상 속에서 권력과 함께 뛰고 있었고 나는 권력과는 멀리 떨어져 내가 가야 할 방향이라고 생각되는 곳을 바라보고 열심히 살고 있었지만, 대하는 인물들과 권력과의 관계가 달랐을 뿐 우리는 같은 세상에서 같은 문제의식을 공유하고 있었던 것입니다.

하지만 나는 막연하게밖에 못 느끼거나 일상 속에 당연히 존재하는 것으로 알고 적응하기에 급급한 여러 가지 병폐를 그는 하나하나 참 잘도 그 껍질을 벗겨줍니다. 사회현상만이 아니고 그 현상을 만들어내는 우리 인간들의 심리까지도 참으로 더할 수 없는 정직함과 성찰로 보여주고 있습니다. 권력에 취해 사는 사람은 물론이고 인간답게 산다고 하는 사람들도 자칫 그 놀음에 얼마나 쉽게 자기를 물들일 수 있는지 등골이 서늘했습니다. 그가 벗겨준 그림을 보면서 나는 내가 얼마나 무뎌져 있고 부끄러워 마땅해야 할 사람인가를 깨닫게 되었고 그래서 글을 죽죽 읽어 내릴 수가 없었던 것입니다.

끝없는 성찰을 통한 자기부정과 깨어 있음과 다짐, 이 책은 그런 그의 생활의 기록입니다. 이 글을 읽으면, 조금만 무디게 살면 이상할 것 하나 없이 '출세' 하고 잘 살 수 있는 길에서 3선의 길을 접은 그를 이해할 수 있게 됩니다. 성찰과 자기반성, 그리고 그런 현상을 원하는 대로 타개해내지 못하는 안타까움 속에서 그는 지금 너무도 괴롭고 지쳐 보입니다. 그러나 그가 마지막 장에서 쓴 시민운동의 전망을 읽으면서 나는 그의 마음이 저 밑바닥에서 아직도 싱싱하게 살아 있음을, 포기하지 않은 희망을 봅니다.

이재천 님!

그대는 돌아와야 합니다. 그대가 현장에서의 활동을 포기하거나 은둔자처럼 거리를 두고 산다면 이 글이 아무리 값진 것이라고 하더라도 나는 그대를 좋아할 수는 없겠습니다. 간디가 훌륭한 것은 죽음의 순간에도 미움을 넘어선 그 흉내내기 어려운 인격만이 아니라 어떤 상황에서도 절대로 실망하거나 포기하지 않으면서 현장을 지켰기 때문입니다. 그에게서 배워야 할 것은 이런 것이 아닐까요? 그대가 본받고 싶어하는 인물이 간디이기에 나는 그대의 휴식이 길지 않으리라고 생각합니다. 실천하지 않으려면 이런 성찰이 무슨 의미가 있겠습니까?

분야가 어떤 분야이든지 간에 사회생활을 하고 있는 모든 사람들에게 이 글은 필독의 글입니다. 저자와 같은 치열한 자기점검과 부

단한 노력이 없이는 우리는 남을 위해 산다는 명분 아래 가족에게
조차 충실하지 못하게 시간을 보내면서 자기미화에 빠져 인생을 허
비하고 말 것이기 때문입니다.

이재천 님이 내가 자신의 글을 이해해줄 수 있는 사람이라고 선
택했던 사실을 나는 정말 영광스럽게 기억하겠습니다. 그리고 내가
그에게 요구했던 것처럼 나 또한 실망하거나 포기하지 않고 내가
할 수 있는 일을 열심히 하겠다고 약속을 드립니다. 그리고 이런 마
음을 가지고, 활동하는 우리의 동료·후배들이 지치고 외로울 때 찾
을 수 있는 넉넉한 가슴이 될 수 있도록 노력하며 살럽니다.

김경애
동덕여자대학교 교수 I 여성학

여성의 정치참여는 이제 큰 봇물을 이루고 있다. 1991년 지방의회의원 선거가 처음 실시되었을 때만 해도 여성의 정치참여에 대한 필요성을 인식하고 있는 사람은 극히 일부였고, 1995년 6·29 지방선거 때 비로소 여성단체에서 여성의 정치참여에 대한 논의가 본격적으로 시작되었다고 생각된다.

영국에서 박사학위를 받고 막 귀국하여 대구에 정착한 나는 한국여성유권자연맹에 제의하여 6·29 지방자치 선거에 출마하는 여성들에 대한 조사를 하기로 하였다. 출마자들을 만나기 위해 전국을 여행하였는데 전주의 여성 출마자들을 인터뷰하기 위해 새벽에 기차를 타고 대구를 떠나 대전으로 가서 다시 전주로 갔다. 전주에서 첫 인터뷰를 위해서 만난 사람이 바로 이재천 씨였다.

당시 맑디맑은 문학소녀 같은 이재천 씨는 교육운동을 하다가 지역의 국회의원이 강권하다시피 하여 정치에 입문하였다. 이재천 씨는 젊은 사람이 가질 법도 한 욕심 하나 없이 인터뷰하는 내내 "왜 내가 정치를 해야 하는지 모르겠다"는 말을 많이 했다. 그래서 이제는 여성이 정치를 해야 정치가 맑아지고 변화하기 때문에 이재천 씨 같은 분이 정치를 해야 한다고 격려하였던 기억이 난다.

그 이후로도 나는 여기저기에서 여성의 정치참여가 확대되어야 한다는 것을 역설하였다. 동시에 연구조사를 위한 인터뷰를 하면서 여성정치인들을 만나기도 하였고 또 한때 정당의 일을 도와주면서 정당 내에서 여성정치인들을 관찰할 기회가 많이 있었다. 그러나 여성의 정치참여에 대한 논의가 봇물을 이루는 요즈음은 여성의 정치참여가 확대되어야 한다는 말을 별로 하지 않는다. 내가 아니라도 여성의 정치참여의 확대에 대해 논할 사람들이 많아졌고 정치에 뜻을 둔 여성들도 많아졌기 때문이다.

그밖의 또 하나의 이유는 정말 여성이 정치에 참여하면 정치가 맑아지겠는가 하는 데 대해 회의감이 들기 시작했다는 데 있다. 여성의 정치참여가 외국에 비하면 아직 미미하지만 과거보다 늘어나고 있고 정당의 대표에 도전하는 여성까지 생길 정도로 정치에서 여성의 비중은 높아지고 있다. 그런데 정치는 얼마나 바뀌었는가 하는 의문을 갖게 되면서 여성이면 누구라도 정치에 많이 참여하는 것이 과연 바람직한 것인가 하는 회의를 하게 되었다.

1991년 지방자치가 시작된 이후 12년이 지난 지금 그동안 지방의회나 국회에 진출했던 여성들의 행태를 보면서 실망스러운 적이 적지 않았다. 현재 여성 전국구 국회의원이 수뢰 혐의로 구속되어 있고, 비리에 연루되어 매스컴에 등장한 국회나 지방의회 여성의원도 있었고, 드러나지 않아도 비리 혐의에 관한 소문이 파다한 여성정치인들도 적지 않은 것이 사실이다. 또한 정치인이 되고 난 후 권력의 주변에 있기 때문인지 겸손함을 잃은 여성정치인도 쉽게 만날 수 있었다. 정치하기 전의 맑음과 겸손함을 그대로 유지하고 있는 여성정치인은 손꼽을 정도이다. 이재천 씨는 바로 그 몇 안 되는 여성정치인 중의 한 사람이다.

지금 이재천 씨는 2002년 지방자치 선거 이후 현장 정치에서 완전히 벗어나 있다. 정치에 대한 실망감 때문에 그런 것이 아닌가 하는 추측을 해본다. 그러면서 바르고 올곧은 정치인이라면 오래도록 정치를 할 수 없게 되는 사례를 만들어내는 것은 아닌가 싶어 안타깝기 그지없다. 바로 이 책은 이재천씨가 의정활동을 그만둔 뒤 현장 정치의 경험을 가지고 써놓은 것이다. 많은 사람들이 정치에 대해 비판하지만 정치인이 직접 경험을 통해 정치 현장을 비판하기는 쉽지 않고 그러한 사례를 보기 어렵다. 개인적으로 이 책에서 처음으로 알게 된 내용도 많이 있어 도움이 컸고 또 동의하지 않는 부분도 있으나 이재천 씨가 이 책을 사심 없이 쓴 것은 의심할 바 없다.

이 책이 우리나라 정치가 발전하기 위해 뼈아픈 성찰을 하는 단초가 되기를 기대한다. 또한 정치참여를 희망하는 여성들에게 여성정치 선배의 충고로서 진지하게 받아들여지기를 기대한다. 마지막으로, 이재천 씨가 이 책을 계기로 새로운 정치의 밑거름 역할을 해주기를 기대해본다.

차례

I. 정치인과 권력

II. 정치인과 유권자

V. 지방자치제도와 지방의원

VI. 지방자치단체와 시민단체

■책을 펴내며

문자시대 이래 이 세상에 나온 책에는 신의 소리, 그리고 인간의 진실한 의식과 영혼이 다 들어 있습니다. 사람들은, 어쩌면 필연적인 선택이라고 믿게 되는 경우가 더 많은데, 우연히 만나게 된 그 책들을 읽으며 감동하고 경이에 휩싸이고 또 행복해 합니다. 그러나 놀라운 사실은 이것입니다. 그 많은 책들이 있건만, 그리고 그 많은 사람들이 그 책들을 읽었건만 사회는 여전히 편견과 차별과 독단과 권위로 가득 차 있다는 것입니다. 책 속에서 얻은 좋은 정신들은 그저 관념 속에서 우왕좌왕할 뿐이고 사람들은 안일함과 부요함과 권세를 선택합니다. 러셀의 표현대로, "훌륭한 감정의 화려한 표현을 즐기면서도, 그것이 진정한 감정이라면 마땅히 따라야 할 행동을 실행하자고 하면 싫어하는 사람들이 너무나 많은" 것입니다.

이것이 인간이고 현실이지만, 우리는 분명 변화시켜야 할 것들을 안고 있습니다. 진정 영혼이 있는 사람들이라면 이대로 둘 수 없는 우리 삶의 문제들이 있습니다. 그러나 우리들의 근본적인 문제점을 들추어내고 변화를 추구하면 누군가가 그것을 방해하고 비웃습니다. 그리고 이렇게 말합니다. "좋은 게 좋은 거야."

세상 사람들은 극단주의자를 싫어하고 온건한 합리주의자를 좋아합니다. 그들은 극단주의자들은 의식이 너무 편협하고 사고가 부정적이라고 말하면서, 그건 중용의 윤리와 평화의 정신에 어긋난다고 말합니다. 너무도 그럴 듯한 말입니다. 그래서 합리주의자라고 평가받는 사람은 이 세상에서 그럴싸한 평판과 이미지를 갖고 있습니다. 합리주의자라는 말을 듣는 사람들은 무언가 중립적인 듯하고 온건한 언어를 구사합니다. 그들은 비판과 분노와 같은 사회적인 태도를 인격의 결함처럼 호도하고, 옆에서 관망함으로써 어부지리를 취하고 있습니다. 합리적인 사람이라는 평가를, 어느 한 편에 서야 되는 상황에서 분명하게 서지도 않고, 또 싸우기도 해야 되는 상황에서 큰 소리를 내지도 않으며, 기득권자들이나 이해관계에 있는 사람들을 원만하게 대하는 사람들에게 붙여주는 사람들의 안목이 놀랍기만 합니다.

어느 사회 집단에서나 극단주의자가 있고 합리주의자가 있습니다. 그 집단의 성격에 따라 합리주의자가 극단주의자가 되는가 하면 두리뭉실한 자가 합리주의자가 되기도 합니다. 그러한 대표적인 곳이 바로 정치를 하는 사람들의 집합소인 의회입니다.

나는 이 책에서 정치와 정치인에 대해 여러 측면에서 비판적으로 분석하였습니다. 그러나 정치인이 사회 전체에 미치는 영향들 가운데, 뇌물을 먹고 권력을 남용하고 독선과 권위를 내뿜는 것보다 더 중요한 문제는 일반 대중의 수준을 자신들의 수준으로 떨어뜨린다는 데 있다고 생각합니다. 사실 사람들의 인생은 단순하고 소박한 가운데서 영위되고 있습니다. 사람들은 자신들의 정신을 고양시키는 가치들을 알아보고 그것에 맞추어 살려고 노력합니다. 그러나 정치인들은 사람들을 저급한 의식으로 자꾸 끌어내려 결국 자기들과 같은 수준이 되게 만듭니다. 정치인들이 지역감정을 부추겨 국민을 선동하면 국민은 그 속에 동화되어버립니다. 집단간에 편견을 심화시킨다거나, 심지어 민족간에 증오심을 유발시키는 것도 정치인들이 하는 일입니다.

나는 이런 현상 속에서 생물학의 '리비히 법칙'을 떠올렸습니다. 가장 문제 있고 저급한 국회의원의 의식이 의회의 수준을 대표하며 방향을 끌어가고 있는 현실을 발견하고서 본문에서 '의회의 리비히 법칙'을 썼고, 그것을 이 책의 제목으로 삼기까지 하였는데 리비히의 법칙은 의회 안에서뿐만 아니라 사회에서도 적용됩니다. 우리 사회의 진보가 더디게 진행되는 이유는 바로 정치인들이 정치와 관련해서 일반 대중을 리비히의 법칙에 따라 자신들의 수준으로 떨어뜨리기 때문이라고 생각합니다.

이런 리비히의 법칙이 계속 작용한다면, 그리고 일반 대중의 의식수준이 정치하는 사람들의 그것과 같아진다면 세상은 정말 '더 큰 망치를 든 사람'에 의해 지배될 수밖에 없게 될 것입니다. 그래서 정치인들을 좋은 상식을 갖추고 있고 훌륭한 정신을 지닌 사람들로 고양시키거나, 그런 사람들을 뽑아내는 것이 너무도 중요하다고 말하고 싶었습니다.

나는 본문에서 간혹 냉소, 허탈, 피해의식, 분노와 같은 말들로 국민들의 정치인에 대한 정서를 표현했습니다. 그리고 정치인들로 인해 턱없이 상처를 입는 국민들의 심리를 드러냈습니다. 사실, 가해자는 정치인이고 그들의 이기적이고 부당한 행위의 피해자가 국민들인 것 같은 정서가 있습니다. 그러나 그러한 이기적이고 부당한 행위들이 진정 정치인들만의 행동 특성은 아니지 않겠습니까. 정치가 더욱 선해지고 이 세상이 더욱 밝아지기를 원한다면 정치인 탓만을 할 것이 아니라 '초목이 자신만의 생명력으로 싹을 틔워 자라듯' 자신의 선함과 정의로움과 고상함이 널리 주위로 뻗어나가도록 해야 될 것입니다.

이 책의 원고를 2003년 6월 중순에 탈고하고 허탈한 심정으로 며칠을 보내다가 그때 막 출간된 『소로우의 일기』를 읽으며 어느 부분에서 나는 눈시울을 적시게 되었습니다. "사색가가 맺는 열매는 문장, 진술과 의견이다. 그러한 것들은 그 어떤 것보다 더 놀랍고 신기하고, 나 자신과 합치된다. 마치 우리는 우주의 정신과의 조화 속에서만 사고하는 것 같다."

내가 글을 쓰면서 느끼는 감동은 그것입니다. 마음속이 밝아지면 글이 절로 나오는데, 글처럼 진실한 것이 없습니다. 진실은 기만이 없고, 진실하면 후회가 없습니다. 글로써 도무지 악한 생각을 구현할 수가 없습니다. 내 생활이 복잡하고 내 정신이 시끄러워 입에서는 독과 같은 말이 나온다 할지라도, 글을 앞에 두고 있을 때 나는 그것들을 정화해내고 걸러내지 않을 수 없게 됩니다.

나는 이 책을 쓰는 몇 달 동안, 가끔 한 번씩은 지극한 외로움에 휩싸이곤 했습니다. 누가 시키지도 않은 일을 하면서 내 글에 대해 "잘 썼네, 좋은 생각이야"라는 피드백을 얻을 기회도 별로 없이 글만 쓰고 앉아 있으면 어느 때 불현듯 몸서리치게 외로운 것이었습니다. 그러면서도 그 외로움에 침잠되지 않고 다시 털고 계속 쓸 수 있었던 것은, 나도 모르는 밝은 빛이 내 영혼을 채워 그때마다 새 힘이 나곤 했기 때문입니다. "아름다움을 노래한다면 비록 사막 한가운데 있더라도 듣는 이가 있을 것이다"라고 지브란이 말했습니다. 나는 아름다움을 말하는 시인은 아니지만 많은 좋은 사람들이 내 글을 좋게 읽을 수 있게 되기를 바라는 마음이 간절합니다.

남편 생각이 납니다. 결혼하고부터 지금까지 나는 남편을 나의 수호천사라고 믿고 살았습니다. 내가 시민운동을 할 때나 의정활동을 할 때, 내가 진실을 직시할 수 있도록 나를 연단시키고 중심을 세워준 사람입니다. 그리고 나는 혼자 밖에서 일을 하지만 남편과 우리 세 아이들의 명예를 걸고 일한다는 생각을 놓아본 적이 없습니다. 나는 지금 이들 사이에 비워져 있었던 나의 공간으로 10년 만에 돌아와 있고, 이들은 내 삶과 기쁨의 전부입니다.

나는 일을 하면서 상당히 거칠고 격렬하게 활동한 때도 적지 않았는데, 사람들로부터 한 번도 어려운 일을 당하지 않고 살았던 것을 매번 놀라운 심정으로 돌아보곤 합니다. 정말 하나님께서 나를 사랑하시고 지키신다는 감사와 희열로 이어진 인생이었습니다. 그리고 하나님께서는 나의 모든 인연들을 특별하게 해주셨으니, 내가 그 모든 사람들을 늘 돌이켜 떠올리며 온 마음으로 느끼고 사랑할 수 있도록 만들어주신 것입니다. 이 자리에서 다시 한 번 나를 아는 모든 사람들에게 사랑과 감사의 마음을 보냅니다.

내 글을 힘들여 읽으시고 추천의 글을 써주신 한지현 교수님과 김경애 교수님 두분께도 깊은 감사를 드립니다. 김경애 교수님은 제1기 지방의회가 탄생할 때 여성후보자 발굴에서부터 당선운동까지 직접 현장에서 일을 한 실무형 학자로, 그 이후 지금까지 여성의 정치참여 실상을 가장 깊이 체험했고 또 잘 파악하고 계시는 분이라고 생각합니다. 한지현 교수님은 일을 하는 사람으로 내가 닮고 싶은 여성으로 가슴에 새겨진 분입니다. 그분의 추천사를 읽으면서 눈물이 솟았는데, 거부할 수 없는 선한 의지에 내가 다시 묶이는 것만 같았습니다.

마지막으로 내 글을 재미있게 읽으시고 출간을 허락해주신 풀빛 출판사의 홍석 사장님과 여러분께 진심으로 감사드립니다.

2003년 12월 12일
이재천

I. 정치인과 권력

부와 권력과 명성이 인간에게서 짜내는 죄와 허물의 세금은 얼마나 심한 것인가!

—간디

권력을 사랑하는 사람들

    사람들은 국회나 지방의회와 함께 정치인들을 이해할 때 '정치판'이라는 고정관념 속에서 생각합니다. '정치판' 하면 권모술수·야합·특혜 등 부정과 비리가 있는 곳이고, 정치인들이 그런 것들을 양산해낸다고 생각합니다. 그래서 어떤 사람도 한 번 그 안으로 들어가면 부정과 비리의 유혹에서 자유로울 수 없어 결국 동화되고 적응되어갈 것이라고 예단하기도 합니다.

    사람들은 이의 산 증거들을 끊임없이 보고 있기도 합니다. 정치권에서 평생을 살다시피 한 정치인들말고도 정치판을 개혁시키고 변화시키겠다는 사명감과 포부를 가지고 정치권으로 들어간 학자나 전문가, 운동권 출신 정치인들이 어느 사람 하나 예외랄 것 없이 국민들의 비판을 받는 경우가 그것입니다. 이들이 국민들의 신망을 잃게 되는 경우는 순수성과 양심을 잃지 않기를 바라는 국민들의 단순 소박한 기대를 저버리고 자신의 영달을 위한 선택을 했다고 보여질 때입니다.

조직의 논리를 우선시하여 악법을 통과시킨다거나 뇌물을 받고 청탁에 관여하는 것이 부정과 비리의 대표적 사례입니다. 그리고 정치 지도자가 갑자기 등장하는 어느 시점에서 쉽게 납득되지 않는 줄서기를 하는 모습도 정치인들이 보여주는 실망스러운 모습입니다. 코앞의 이익을 위해 조직과 권력과 재물의 힘에 굴복하는 그들입니다. 중요한 때 소신과 양심을 유지할 수 없을 정도로 시련이 없었던 그들의 연륜과, 그 정신을 지탱시켜주지 못할 만큼 단련이 없었던 그들의 지성, 그리고 자신의 이익만을 위해 발휘되는 그들의 지능을 탓하지 않을 수 없는 순간입니다.

그러나 정치인들 자신의 나약함과 불성실 이외에, 고난의 연륜과 단련된 지성과 칼 같은 지능의 힘을 순식간에 무력하게 만드는 것이 있습니다. 권력입니다. 권력은 진정 사람들을 뇌쇄시키는 힘이 있습니다. 인간의 여러 만족과 쾌감 가운데 권력욕이 지대한 비중을 차지하고 있는데, 다른 욕구 충족에서 얻어지는 에너지보다 권력의 욕구 충족에서 얻어지는 에너지는 폭발적임과 동시에 파괴적이기도 합니다.

한편, 권력은 사회의 상층부에만 있는 것이 아닙니다. 한 마디로 우리 사회는 특권 사회입니다. 가장 원초적인 인간관계라 할 수 있는 가족 안에서조차도 권력이 한 쪽에 몰려 있습니다. 유치원 교사는 유치원생과 그 부모에 대해 쓸 수 있는 특별한 권력이 있습니다. 그리고 주차장 관리인은 자기 아는 사람들을 프리 패스 시켜줄 수 있는 특권을 씁니다. 지방의원들은 지자체의 모든 행사에서 VIP로 대접받는 특권이 있습니다. 기자들은 어느 공간에든 무단 출입할 수 있는 특권이 있고, 문벌 사회에서 교수들은 지식인이라는 선망을 받는 특권을 누립니다. 자본주의 사회에서 기업가와 의사들 또한 그들의 부로 인해 특권을 누릴 수 있습니다. 부정하고 부당한 사회에서 잘 팔리는 변호사들 역시 그들만의 특권을 마음껏 챙깁니다.

특권은 사회의 꼭대기로 갈수록 강력해지고 포괄적입니다. 특권에 만족하다 보면 사람들은 그 자리를 떠나고 싶지 않습니다. 왜냐하면 그 특권은 아무한테나 있는 것이 아닌, 바로 그 자리의 자신한테만 있다는 쾌감이 크기 때문입니다. 이러한 단편적이고 지엽적인 소소한 특권을 가지고도 사람들이 쾌감을 얻는데, 하물며 입법권이 있는 국회를 중심으로 폭발적으로 증폭되는 권력을 가진 정치인의 경우 그 쾌감은 가히 한 인간의 영혼과 모든 의지를 마비시키기에 충분하다 할 것입니다. 막 의원이 된 사람들이 법에 명시된 자기들의 책무보다 손닿는 곳에서 부유하는 권력에 대해 더 빨리 깨우치는 것도 인간의 속성에 있는 권력에의 의지 때문일 것입니다.

그리고 다른 어떤 것보다도, 숨쉬고 움직이고 작용하는 권력 그 자체의 힘이 정치인한테 더욱 치명적인 유혹이 되기도 합니다. 솜처럼 부드럽고 공기처럼 친근하고 바람처럼 향기롭고 피부처럼 젖어드는 그런 것을 어떤 사람이 쉽게 거부할 수 있을까요. 그래서 부정과 비리로 바로 노출되는 권력의 남용과, 오만과 독선의 자기정당화로 굳어지는 권력의 영향이 정치인의 정치 생명과 양심을 위협하는 대표적인 무기가 되는지 모릅니다. 진정으로 가장 위험한 정치인은 권력과 자기를 동일시하는 사람입니다.

결국 정치인들이 가지고 있는 힘은 권력이기 때문에 또 한편으로 그 권력을 재생산해내기 위한 몸부림이 치열할 수밖에 없습니다. 자신의 문제를 다시 권력을 이용해 호도하거나 은폐하고 또 만회하려 합니다. 이 정도가 되면 더 이상 기대할 것도 없는 의식수준이 되어 그 인간 자체의 불행이 남을 것이지만 타락한 정치인 한 사람은 그 사람 인생만의 문제에서 끝나는 것이 아니어서 국민들은 더욱 긴장하게 되는 것입니다.

남의 돈

세상에는 자기와 가족들이 먹고 움직이는 데 처음부터 끝까지 자기 돈과 자기 품을 들여야 되는 사람들이 있고, 먹는 것은 말할 것도 없고 움직이는 모든 경비와 서비스가 온통 제공되는 사람들이 있습니다. 자기 돈만 쓰고 살아야 되는 사람은 남의 돈을 운용할 기회도 별로 없습니다. 그러나 자기 일에도 남의 돈을 잘 쓸 수 있는 사람이 하는 일은 또 남의 돈을 가지고 자기 뜻대로 쓰는 것입니다.

물론 그밖에 자기가 쓸 돈이 아예 없어서 처음부터 끝까지 남의 돈이나 남의 손을 쓰는 사람도 있고, 용케 그 정도까지 못 내려가 자기의 능력 안에서 아등바등 최저생활을 해야 되는 사람들이 있습니다.

남의 돈을 쓸 수 있고 또 다른 혜택을 제공받을 기회가 많은 사람들은 사회적 지위가 있거나 전문직에 종사하는 사람들입니다. 그들이 받는 월급도 다른 사람들보다 훨씬 많겠지만 여타의 비용도 다 면제되는 것 같습니다. 직장의 고위직들은 휴대폰 이용료나 자동차 가스비가 월급에 포함됩니다. 고위직들의 월급 명세서를 보면 이들은 딱 주식비와 부식비만 지출하면 될 것 같습니다.

대학 교직원 자녀들의 입학금이 면제되는 것도 보상을 넘어 관행적인 특혜라는 생각을 떨칠 수 없는 것도 그들이 자녀들의 수업료 내기에 결코 남보다 어렵지 않기 때문입니다. 그동안 그런 특혜들이 유지되어왔던 것은 정신노동을 하는 사람들이 받는 보상이라고 우리 사회의 이데올로기가 되어서였는지도 모르겠습니다.

누구누구해도 남의 돈을 쓰는 사람으로 관료와 정치인보다 더한 사람은 없습니다. 관료와 정치인들은 정책과 사업을 발의하고 입안하고 또 의결해주는 주체들이라 어떻게 돈을 쓸까 궁리하는 것이 그들의 일입니다. 그들은 국민들이 낸 세금을 한 푼도 남기지 않고 다 쓰는 사람들이니까 남의 돈 쓰는 데는 정말 일가를 이룬 사람들이기도 합니다.

국가적으로도 그렇고 우리들이 사는 지역환경의 변화는 그들의 돈 씀씀이의 결정판이라고도 할 수 있습니다. 조금만 눈여겨보면 문화 · 복지시설 등 공공 건물을 건축하는 것이나 보도블록 하나 교체하는 것에도 관료와 정치인들이 개입되어 있습니다. 그들은 그런 면에서 어느 누구보다 행복한 사람들입니다. 공동체와 자기들이 알고 사랑하는 사람들을 위해 자기 돈이 아닌 남의 돈을 역량껏 쓸 수 있는 특별한 위치에 있기 때문입니다.

거기에 정치인은 의정활동을 위한 명목으로 일반인들의 상상을 뛰어넘는 경비를 제공받습니다. 중앙 정치인이나 지방 의원은 각각의 법규와 관행에 따라 의정 활동비를 받습니다. 일반인들이 제도적으로 보장된 정치인의 이런저런 금전적 특혜를 알게 된다면 참으로 경악할 것입니다. 그리고 세금으로 지급되는 의원의 활동 경비를 조목조목 살펴보면 참아내지 못할 것들이 적지 않을 것입니다.

한편 주민들이 영 모르지 않는 지출이 하나가 있습니다. 그것은 지방의원의 해외연수입니다. 그것에 대해서만큼은 주민들은 매번 편치 않은 내색을 합니다. 알기 때문에 그렇게 되는 것입니다. 해외 시찰의 필요성을 상식적으로 인정하면서도 의원들이 마치 굉장한 불로소득을 챙긴 것 같은 불신과 함께 무엇보다 그 경비가 세금으로 이루어진다는 상식에 아깝다는 마음을 떨칠 수가 없습니다.

의원들은 그것만큼은 법으로 규정된 자기들의 권리라고 생각하며 주민들의 시비를 간섭이라고 치부해버립니다. 세비를 받는 권위적인 존재인 국회의원과 그동안 무보수 명예직으로서 지방의원이 받았던 의정 활동비는 천양지차인데 주민들은 눈에 잘 들어오는 지방의원의 활동에 민감합니다. 그러나 똑같이 선출직이라는 의미에서 지방의원에 대한 다양한 감시와 평가가 중앙 정치인한테 확산되는 긍정적인 효과가 있을 것입니다.

그러면서도 의원과 공직자가 해외시찰이나 접대를 가지고 끊임없이 비판을 받게 되는 것은 그 돈이 남의 돈이기 때문입니다. 자기 돈을 가지고 해마다 세계일주를 하고 기자들과 유권자들에게 선거법에 저촉되지 않는 범위 안에서 날마다 향응을 제공한들 뭐라 할 사람은 없습니다. 그러나 남의 돈을 용돈처럼 자신을 위해 쓰다가는 비난과 함께 법적 제재를 받게 되는 것입니다. 남의 돈은 절대 공돈이 아닌 무서운 돈이라는 것이 바로 증명되는 것입니다.

특히 우리나라 사람들에게는 누구라도 권력을 이용해 금전적 이득을 얻는 것을 용납지 못하는 성향이 강하게 있습니다. 양민 수천 명을 죽인 권력자보다 자리를 이용하여 수억 원을 챙긴 것이 드러나는 정치인과 그 측근들을 더 용서하지 못하는 국민정서를 어렵지 않게 접하게 됩니다. 공분에도 차이가 있는 것을 발견하게 되는 때가 바로 그런 때이기도 합니다. 사람들은 인권이나 민주주의를 파괴하는 행위보다 금전적인 불의에 더 큰 분노를 느낍니다.

정치인과 관료들이 돈 문제에서 자기 돈과 남의 돈을 구별하지 못하는 타성에 쉽게 젖어드는 것도 그들이 처한 환경의 특성이기도 합니다. 제도적인 특혜말고도 그들은 정치인이기 때문에 사회 곳곳에서 많은 특혜를 받습니다. 마치 연예인들이 그들의 상품성으로 인해 생활의 모든 것을 스폰서 받는 것과 다를 바 없습니다.

세상에 거저 주는 것은 없습니다. 받고 누리는 것이 많은 정치인일수록 또 그를 통해 나가는 것도 많다고 보아야 할 것입니다. 연예인과 달리 정치인의 상품성이라는 것은 특혜와 특권을 창출하는 자리에서 얻어진 것이기 때문에 정치인한테 나가는 것 역시 특혜와 특권일 수밖에 없을 것입니다. 수백억 원을 몰래 받아 써놓고 남의 돈 수조 원으로 되갚아주는 것이 정치인들입니다.

언제나 일정한 모순이 남습니다. 사람들은 정치인의 씀씀이를 너무 모르면서 또 한없이 관대하다는 것, 조금이라도 그 출처를 알게 되면 상대적인 박탈감과 함께 엄청난 분노를 느낀다는 것, 그리고 자기들의 권리를 가지고 그들을 통제할 수 있음에도 그렇게 하지 못한다는 것들입니다.

금전과 자리만이 유혹이 아니다

사람마다 여러 문제점과 한계들이 있는데 보통 성격으로 이해하고 넘어갈 것들입니다. 그 사람의 다른 장점들을 잘 아는 친구와 가족, 그리고 동료들 사이에서 그런 것들은 큰 문제가 되지 않습니다. 그리고 그 피해를 입는 대상이나 범위는 극히 한정되어 있어 아무리 성격적인 문제가 있는 사람이라도 아주 못 살지는 않습니다.

그러나 사회에 파란을 일으키며 공동체 안의 사람들에게 비난을 받고 결국은 자기 자신의 인생 행로를 변화시키다 못해 파탄에 몰아넣는 사람들이 있습니다. 그 사람들은 자신의 내부에 잠재되어 있는 이상 욕구들이 현실의 벽에서 부딪혀 넘어진 사람들이라고 볼 수 있습니다. 그 현실의 벽을 흔히 걸림돌이라고 표현합니다. 정치인의 경우에 그 걸림돌은 도처에 있어 뉴스는 너무도 자주 그들이 걸림돌에 걸려 넘어지는 것을 보여주고 있습니다.

정치인의 대표적인 문제는 금전과 자리에 관계된 것입니다. 부정과 비리의 대명사는 바로 부당한 금전의 수수와 불의한 자리에 서는 것입니다. 인간한테 있는 보편적 욕구 중에 저마다 더 크게 작용하는 욕구가 있는데 사람들이 보통 돈과 자리로 인해 실수 하는 것은 물질과 권력에 대한 욕구가 그래도 제일 강하기 때문입니다. 부당한 금전인 뇌물과, 권력을 이용한 청탁이 가장 쉽게 오가는 곳이 정치 현장입니다. '정치인들한테는 돈을 주는 사람이 하나님보다 고맙게 여겨진다' 고 말할 정도로 정치인은 무엇보다 돈이 필요한 존재들입니다. 뇌물 수수와 청탁사건이 끝없이 이어지고, 또 수시로 이합집산하는 정치인을 보면서 일반인은 '정치판' 이라는 말로 부정과 비리의 온상을 대신 표현합니다.

그러나 그런 부정과 비리에만 정치인이 걸려 넘어지는 것은 아닙니다. 현실적으로는 부정과 비리만이 법적인 제재를 받고 사회의 비난을 받아 그런 전력이 있는 정치인을 문제 정치인으로 지목하게 되지만 금전에 투명하고 불의한 자리에 서지 않았다고 해서 이상적인 정치인이 되는 것은 아닙니다.

명예욕도 정신을 흐리게 하기는 마찬가지입니다. 기본적인 양식과 경험이 있고 다소의 철학을 가진 정치인이라면 당연히 돈과 자리보다도 명예에 자신의 정치 생명이 있다는 것을 압니다. 명예를 중시하는 사람들한테는 제안되는 돈의 액수가 많고 적음은 문제가 되지 않습니다. 옳지 않은 돈이라는 판단 하나면 족합니다. 자리를 얻으려는 노력에 에너지를 바치지도 않습니다. 금전 면에서 투명할 뿐만이 아니라 다른 정치 현안에서 타협하지 않고 올곧은 소신을 보여주며 자신의 명예를 지키는 정치인도 없지 않습니다.

그러나 명예에 대한 욕구가 강한 사람은 교만과 독선이라는 걸림돌이 있습니다. 부정과 비리의 유혹에서 자유로운 사람들은 자신의 의지에 대한 강한 자부심이 있습니다. 사실, 금전과 권력관계에서 자유롭다는 것이 얼마나 한 인간을 당당하게 하는지 모릅니다. 그러한 의지와 능력으로써 정치활동을 하는 것이기 때문에 그들은 철저히 자기 자신에 의지합니다.

이견이 난무하는 정치 현장에서 그 이견에 대한 그들의 접근방식에서 바로 그들의 문제가 드러납니다. 그들은 누구보다 많이 화를 내고 모든 차이를 투쟁과 우김으로써 좁히려고 합니다. 그것도 전적으로 자기의 의견에 맞추어 좁혀 들어가게 하는 것입니다. 그리고 자신의 권위를 지키는 데 있어 한치의 양보도 없습니다. '꿀릴 것 없다'라는 자만 속에 모든 일의 중심이 자기 자신이기를 원합니다. 그들은 시간을 기다리지도 않습니다. 판단이 빠른 만큼 해결도 바로 보기를 원합니다. 그들이야말로 최고가 되기를 열망합니다.

그들에게는 강렬한 의원상이 있습니다. 그리고 자기를 지키고 내세우려는 정치인으로서의 보호본능도 지극합니다. 그들의 보호본능은 부정과 비리에 대한 자각에서 비롯되고, 내세우려는 의지는 그것들과의 투쟁으로 나타납니다. 그러면서 그들은 깊은 피해의식도 느끼는데 자기 연민과도 같은 피해의식은 다른 사람을 향한 분노와 비판으로 발산됩니다.

결국 그들은 이상과 양식이 있는 인간으로 정치판이라는 험악한 곳에서 휘돌리고 상처를 받는 사람이 아니라 똑같이 흠집을 내고 분열을 조장하는 장본인이기도 한 것입니다.

인간이 걸려 넘어지는 것은 사람마다 다 다릅니다. 그 사람한테 강하게 작용하는 욕구에 결국은 걸려 넘어지는 것입니다. 그 욕구가 자신의 정신과 영혼에 미치는 영향을 깊이 성찰하지 않는 사람은 뭐가 걸림돌인지도 모르게 되고 그 욕구를 채우지 못하는 것을 오히려 무능함의 소치라고 여기며 불만만 키우게 됩니다.

그러나 순간마다 싹터 자신을 딛고 오를 듯이 커지는 욕구의 실체를 제대로 들여다보게 되면 인간은 새로운 고뇌로 빠져들게 되거나 반대로 아주 평안한 상태가 됩니다. 자기를 보는 눈과 밖으로 향하는 마음이 서로 부딪치게 되거나, 아니면 그 욕구라는 것은 허위의식에서 나온 조바심일 뿐 아무 힘이나 실체가 없고, 그럼에도 결과는 변함이 없는 것임을 깨닫기 때문입니다.

의회의 리비히 법칙

사람의 개성과 성향이 각기 달라 조직마다 사람 꼴 보는 어려움이 업무보다도 더 큰 비중을 차지하는 경우가 많습니다. 그럼에도 한 사람의 사고와 개성이라는 것이 조직에 큰 영향을 미치지는 못하는 이유는 일반 직장이나 단체는 그것을 작동시키는 일관된 조직 규범이 있고, 구성원들은 조직 운영의 목적이나 방향을 뒤흔들지 못하는 자신들의 위치에 대한 기본적인 이해를 가지고 있기 때문입니다.

그러나 의회는 아주 다릅니다. 보통 10인 10색이라는 말을 하는데 의회에서 그 말을 가장 잘 실감할 수 있게 됩니다. 의회 의원 전부가 이질적 집단에서 하나씩 뽑혀져 들어온 사람들로 출신지역이나 학교, 학력 등 몇몇 성분을 제외하고는 공통점을 찾아보기 어렵습니다.

하나의 조직이 그토록 다양한 인간들을 수용하고 뭉쳐 움직이는 곳은 의회가 대표적인 예가 되리라고 봅니다. 피선거권이 있는 모든 성인 남녀들의 표본장이라고 해도 될 정도로 여러 종류의 인간들이 들어와 있으면서 또 그만큼 제각기 다른 개성과 성향을 표출하는 집단도 없을 것입니다.

노동운동, 농민운동, 학생운동 등 운동권 출신에서부터 사업가, 의료인, 체육인, 학자, 예술인, 변호사, 위생업자, 요식업자 등등 온갖 직종의 사람들이 지역과 주민을 대표하여 모여 있습니다. 거기에 정치인 신들메 매주는 일, 당 사무실의 문지기 노릇, 겉은 전문직이지만 정치 행사의 단골 고객 등의 전력을 가진 사람들이 포함되기도 합니다.

그리고 성격과 성향도 천차만별인 것은 말할 것도 없습니다. 합리적이고 공정한 사람, 권위적이고 독선적인 사람, 너그럽고 온유한 사람, 완고하고 드센 사람, 신사적이고 열린 사람, 거칠고 천박한 사람, 영리하고 약삭빠른 사람, 의뭉하고 굼뜬 사람, 크렘린 같은 사람, 카멜레온 같은 사람, 박쥐 같은 사람….

다른 어느 조직보다 유독 의회에서 구성원들의 인간성과 성품들이 잘 파악되고 확연히 드러나는 것은 의원들은 할 말을 다하고, 또 자신의 개성과 생각을 잘 드러내는 것이 의원 자질이라고 생각하기 때문입니다. 보통 속을 드러내지 않고 눈치껏 말하며 사리듯 처신하는 것을 정치적 태도라고 말할 정도로 정치인들이 감정 조절을 잘 하는 사람들 같지만 과감하고 독단적으로 말하는 데는 또 의원만한 사람들도 없습니다.

어지간히 범법적이고 비인륜적인 언행이 아니고는 자신의 말에 대해 책임질 필요가 없는 사람들이라 더욱 그렇습니다. 그리고 또 하나, 권력을 추구하는 인간은 권력 앞에서 본성을 드러내지 않을 수 없게 되는데 바로 의회가 권력의 현장입니다. 권력과 상통하는 의원의 권위는 또한 참지 않음과 비례하는 것이라고 그들은 생각합니다.

의회 안에는 국민을 위해 봉사하는 탁월하고 도덕적이고 유능한 의원들이 있습니다. 또한 자기의 이익을 위해 국민을 이용하는 야망으로만 채워진 사람도 있습니다. 보통 의원들이 하는 일을 보면서 의원의 부류를 셋으로 나눈다고 합니다. 자기 자신한테만 필요한 의원, 출신지역에만 필요한 의원, 그리고 국가와 국민에게 필요한 의원.

의회는 이런 여러 자질과 의식의 총화에 의해 움직이고 발전됩니다. 의회의 수준이 그 모든 구성원의 수준에 달려 있다는 것은 말할 것도 없습니다. 그러나 결론적으로 말하자면 구성원들의 수준의 평균치가 의회의 수준이 되는 것이 아니라 가장 문제 있고 저급한 국회의원의 의식이 의회의 수준을 대표하며 의회의 방향을 끌어가게 된다는 것입니다.

이것은 부실하게 공급되는 영양소가 하나만이라도 있으면 생명체가 제대로 성장하지 못한다는 생물학의 '리비히 법칙'을 인간 사회와 조직에서도 찾아볼 수 있는 한 예가 됩니다. 아무리 다른 좋은 영양소들이 고루고루 채워진다고 하더라도 한 부분의 영양소 공급이 부실하면 딱 그 영향까지밖에 성장하지 못합니다. 높이가 서로 다른 판자를 엮어 나무 물통을 만들었을 때, 물은 가장 키가 작은 판자 높이까지만 차게 되는 것과 같은 이 '영양소 최소량의 법칙'이 의회에도 적용된다고 하는 것은 의회 의원들의 개별적인 수준과 또 의회의 결정을 확인해보면 바로 알 수 있습니다.

그동안 대한민국 의회는 탁월하고 의식 있는 많은 의원들의 존재했음에도 불구하고 쟁점이 되는 민생 현안과 제도 개혁에서 거의 최악의 선택을 해왔습니다. 그리고 정당의 수준이나 방향이 국민의 이익에 부합되는 것이 아니라 구성원들의 권력싸움의 산물로 나타나는 것을 보면 그렇습니다.

왜 훌륭한 의원들의 뛰어나고 애국적인 자질들이 저질의 정치꾼들의 준동을 막고 의회를 이끌고 발전시킬 수 없을까요? 물론 어느 체제나 조직은 아주 비범하고 훌륭한 사람들의 영향을 받는 바가 큽니다. 궁극적인 발전의 동인은 그런 사람들의 능력과 힘에 있기도 합니다. 그리고 그런 한 사람의 위대한 정신은 수천 수만의 의식에 변화를 가져다주면서 전체적인 향상을 가져오는 것이 역사의 진보이기도 하였습니다.

하지만 조직과 체제의 성격에 결정적인 영향을 미치는 것은 조직원 가운데 가장 해악적이고 열등한 의식입니다. 긍정적인 의식의 활동은 고요하고 원만한 데 반해 부정적인 의식의 활동은 적극적이고 배타적이고 에너지를 끌어 모으는 데 전념합니다. 뛰어난 사람들은 선동하고 도모하기보다 합의하고 기다릴 줄 알지만 이익을 추구하는 사람들은 비슷하게 들떠 있는 의식들을 모아 세력을 얻고 단기에 총력을 다합니다. 의회의 결정이나 흐름이 임의성이 있고 돌발성을 띠는 것은 바로 이런 의식을 가진 정치인들이 부지런히 움직이기 때문입니다.

그리고 많은 경우 보통의 의원들은 이런 의원들의 덕을 보게 됩니다. 명분은커녕 체면이나 교양을 괘념치 않는 무지막지한 성품의 의원들의 선동에 따라 다른 의원들은 가만히 있으면서 어부지리를 취하고 있는 것입니다. 이것이 의회의 파렴치한 집단이기주의가 만들어지는 과정입니다.

한 인간에게 있는 여러 속성 가운데 대표적으로 이기심이라고 부를 수 있는 의식들은 평소에는 교양이나 명분, 체면 등에 의해 감추어지고 통제되어 있을 뿐 없어지지 않고 있다가 어느 순간에 표면화됩니다. 그것은 국회의원들이 집단 침묵을 통해 권력과 이익을 하나하나 확보해가는 것으로 확인해볼 수 있는 것입니다.

그들 자신은 스스로 침묵함으로써 결정적인 역할을 하지 않았다는 변명으로 책임을 면하려 하고, 또 튀지 않았기 때문에 국민들이 모를 것으로 믿고 있습니다. 마치 꿩이 머리만 처박고 안심하고 있는 것처럼 말입니다. 그러나 그들이 결코 그 일에 선한 의지를 가지고 나서지 않았음은 물론이고 분명 어부지리를 취했다는 점에서 그들 자신이 가장 저급하고 해악적인 의식에 얼마나 큰 동조자가 되었는가는 바로 드러납니다.

에고이즘(이기주의)은 자기 자신에게 사로잡힌 의식의 발로로서 사람들이 보통 생각하듯 인간의 자연스러운 심리상태는 아닙니다. 공동체라고 불리는 사회, 그 안의 모든 사람들, 그리고 우주 삼라만상과 연결되고 그 일부인 것이 개인의 존재일진대 오로지 자기 자신의 이익만을 위해 움직이는 사고와 활동은 일종의 질환이라고 하지 않을 수 없는 것입니다.

그러니까 에고이스트들은 단순히 어떤 성격의 인간을 말하는 것이 아니라 심리적으로 병을 앓고 있는 환자들입니다. 한없이 이기적이고 무섭도록 자기 중심적인 대표적인 인간이 정치인이라고 볼

때 그런 환자들이 하는 정치가 결코 정상적이거나 발전할 리가 없
는 것은 너무도 당연한 현상입니다.

공무원이 의원의 버릇을 망친다

외국의 정치인들을 보거나 대면한 경험이 있는 사람들은 누구나 우리나라 국회의원들의 태도와 비교하지 않을 수 없게 됩니다. 외국의 의회를 출입해보면 누가 의원이고 누가 보좌관이며 직원이거나 일반인인지 전혀 구분되지 않는다고 합니다.

그런데 우리나라 국회의원들은 저 사람이 국회의원이라고 말해주지 않더라도 바로 알아볼 수 있다고 말합니다. 몸에서 풍기는 것부터 얼굴 빛, 말투가 그토록 권위적이고 거만하고 당당할 수 없다는 것입니다. 직접 경험이 아니고라도 영화만 보아도 그 차이는 누구라도 알게 되기도 합니다.

의원 이전에는 분명 사람의 모습을 하고 있었을 터인데 의원이 되고 나면 천생 의원이었던 것 같은 인상과 태도를 갖는 것에서 자리가 사람을 만든다는 속설이 사실이라는 것을 확인해볼 수도 있습니다. 보통 드세고 튀고 사회적 야망이 있는 성격의 사람들이 의원이 되기도 하지만 의원들한테 주어진 환경이 그들을 그렇게 만든다고 보아야 할 것입니다.

의원들을 그토록 매사에 큰소리치게 하고 고집스럽고 독선적이게 만드는 데에는 공무원들이 일조하는 바가 무척 큽니다. 공무원들이 의원들 밑으로 들어가기 때문입니다.

지방 공무원과 지방 의회의 경우를 보겠습니다. 지방 의원들은 공무원들로부터 지극한 대우를 받습니다. 일반 주민들은 의원들이 그토록 대우받는 존재인지 상상이 안 될 정도로 말입니다. 의원들은 공무원들인 의회사무국 직원들로부터 어린아이와 같은 혹은 상노인과 같은 절대적인 보호와 배려를 받습니다. 여행을 다니면서도 자기 짐을 스스로 끌지 않는 것을 당연하게 생각하는 의원들이 속출하는 것도 놀랄 일이 아닙니다. 의회사무국의 5급 공무원도 의원들의 담배 심부름을 거절하지 못합니다. 혹시 여성의원이 많이 있는 의회라면 스타킹 심부름도 하지 않을 수 없게 될 것입니다.

의원들은 비로소 인권과 인격의 참 맛을 알게 되어 조금이라도 부당하고 불편한 경우를 만났다 싶으면 결코 그냥 넘어가지 않습니다. 자기 편하겠다고 화내고 따지는 정신이 그나마 주민들의 삶의 질을 생각하는 원동력이 되기도 할 것입니다. 공무원들이 의원들을 존중하는 것은 주민의 대표로서 의원들의 권위를 인정하는 양식 있는 의식으로 보입니다. 그럴 때 진정 우리나라가 민주주의 국가 같기도 합니다. 능력이 우선되는 사회에서 학력이든 재력이든 다른 개인적인 능력이 없이도 오로지 주민의 대표라는 위치로 존경을 받을 수 있다는 것이 아주 선진적인 느낌을 줍니다.

그러나 우리나라의 공무원 사회는 오랜 신분사회의 잔영과 함께 고위직과 연령의 비례관계도 어느 정도 성립된 속에서 상명하복의 위계질서가 확고해진 수직적 사회입니다. 그런 공무원들이 마치 날아온 돌멩이 같은 의원들에게 하는 태도는 사뭇 모순을 갖게 하는 면이 있습니다. 그들은 사실 의원들이 공무원이나 전문직이 아니기 때문에 의원들을 존중하거나 인정할 어떤 동기도 갖고 있지 않습니다. 그리고 실제로도 그들은 의원들에 대한 어떤 존경심도 없습니다.

지방자치제도는 공무원들이 가장 민감한 당사자이면서 그런 이유로 그것을 내켜라 하지 않는 그들의 속성이 있습니다. 따라서 주민의 대표라는 의원들의 위치가 공무원들한테 그렇게 존경스럽거나 권위적으로 보일 리가 만무합니다. 공무원들은 한편 의원들을 경멸하고 무시하는 마음이 적지 않습니다. 의원이라는 사람들을 겪다 보면 전문성에서나 학력으로, 그리고 인격적으로 자신들보다 아주 못한 사람들이라는 인식을 바로 갖게 되기 때문입니다.

지방의회와 공무원들의 관계나 국회의원과 공무원들의 관계에서 인식의 상태는 대동소이할 것이지만 드러나는 양상은 중앙 정치인들에게서 굉장한 차이가 있음은 말할 것도 없습니다. 참여정부 출범 이후 최초의 국정질문 석상에서 국회의원에 대해 냉소적인 웃음을 지은 혐의를 받은 한 장관의 태도는 관료사회의 타성이 없었던 소치이고, 그 웃음을 시비 삼은 국회의원들의 태도는 어떠한 불경도 용납하지 않겠다는 체질이 된 권위입니다만 여기에서도 의원에 대한 공무원의 인식의 한 단면을 볼 수 있습니다.

공무원들이 의원들을 대하는 태도는 존경이 아니라 조심과 회피의 색채가 짙습니다. 공무원들을 그렇게 만드는 것은 무엇보다 의회에 무한대로 있는 권력 때문이기도 합니다. 다른 어느 국민보다 공무원들은 의원들이 행사하는 권력의 세세한 부분들을 잘 알고 있는 사람들입니다. 그러니까 공무원들이 어려워하고 존중하는 것은 의원이 아니라 그들이 가지고 있는 권력인 것이기도 합니다. 거기에 덧붙여 공무원들이 의원들을 어려워하고 존중하는 몇 가지 이유를 더 찾아볼 수 있습니다.

먼저, 의회 안에 팽배한 배타적이고 이기적이고 권위적인 분위기는 공무원들의 기를 질리게 합니다. 공무원들의 기를 죽이는 데만큼은 여야의원들간에 이견이 없습니다. 한 의원이 공무원들의 답변 태도를 잡들이할 때 다른 의원에게는 어부지리가 있습니다. 의원들은 일단 긁고 따져야만 밥값을 한다고 생각하는 사람들입니다. 그렇다고 당리당략에 걸리지만 않으면 똑 부러지게 부결시킬 열의도 별로 없으면서 의원들은 이런저런 질의를 일삼고 공무원들은 의원들의 사소한 질문에도 당황하고 동문서답을 합니다. 아무려면 내내 지역구와 모임에만 쏘다니다가 회의 때 탁상에 앉아 서류만 떠들어보고 앉아 있는 의원보다 현장에 있는 공무원들이 일을 더 잘 알지 의원들이 더 앞서간다고 할 수는 없는데도 말입니다.

그리고, 공무원들은 제안자로서 자신들이 기획한 일을 승인 받으려는 바램이 지나쳐 여유를 잃어버립니다. 그들한테 회의의 목적은 의원들의 질문을 피하고 넘겨 어떻게든 승인만 받으면 되는 것이기 때문에 의원들의 비위 맞추기에 급급해지게 됩니다. 의원들이 어떤 안을 심의하면서 이런저런 제안을 덧붙이고 요구하면 원안의 의도를 훼손하는 것임에도 공무원들은 그러마고 하면서 넘어갑니다. 물론 의원들은 자기가 무슨 말을 했는지 바로 잊어먹는 존재들이라는 것을 공무원들은 너무 잘 알기 때문에 의원들 주문대로 되는 일은 별로 없겠지만 말입니다. 그런 온순한 공무원들은 의원들의 심기를 건드리지 않고 목적을 이룰 수 있는 확률이 조금 높습니다. 의원들 역시 구태여 부결시킬 의사도 없는데 고분고분한 공무원들이 회의가 진행되는 데 부담이 없습니다.

또, 공무원들은 자신들의 업무에 대해 전문적 능력이나 소신이 희박합니다. 그들의 기획 의도가 공익적이고 전문적 조사에 합리적인 계획까지 서 있는 것이라면 그들은 그렇게 기가 죽지 않아도 됩니다. 공무원들은 기실 누가 손을 대주지 않으면 배가 산으로 갈 수도 있게 일을 만들어놓을 수 있는 사람들입니다. 그것을 그들 자신이 너무 잘 압니다. 그들은 서너 단계 되는 결재 과정에서 수없이 '정정'을 당해본 사람들인 것입니다. 그런 속에서 한 가지 일이 완벽하고 책임성 있게 되어 나올 리가 없습니다. 공무원들은 일 하나 완벽하게 처리할 수 있는 훈련이 제대로 되지 않은 채로 이 부서 저 부서로 옮겨 다니거나 인사에 매달려 세월을 보낸 사람들이기도 하여 그런 사람들을 놓고 사소한 것으로 시비잡고 정신빼기에는 의원들만한 선수가 또 없습니다. 의원은 말을 잘 하는 사람들이고 그 말에 힘과 오기까지 있는데 어중간한 능력과 패기만 가지고는 의원을 당할 수 없을 것입니다.

마지막으로, 수동적이고 위계적인 환경 구조가 공무원들을 무능하게 하거나 허약하게 했습니다. 공무원들은 행정 업무를 가장 평범한 지능 정도의 상태에서 인지하거나 숙달해 있어, 그런 사람들은 아무리 사소한 것이라도 비리와 부정에서 자유롭지 못한 경험들을 가지고 있습니다. 이런 사람들은 어쩔 수 없이 뒤가 무릅니다. 의원들은 감사의 주체이고, 또 회의에서 하는 일은 비판하고 따지고 들추어내는 것인데 공무원들이 의원들 앞에서 조금도 당당할 수가 없는 것은 자업자득이기도 합니다. 의원들은 물어뜯는 개 같고 공무원들은 물리지 않으려고 도망 다니는 어린아이와 같은 처지입니다. 아무리 의회에서 제안 설명을 하고 답변할 수 있을 만큼 직급이 높은 공무원이라 하더라도 부정과 비리에 연관된 사람들은 의원들 밑으로 기어들어가지 않을 수 없게 됩니다.

참으로 놀랍고도 충격적인 것은 공무원들의 순종적이고 온순한 태도입니다. 의원들이 아무리 몰상식한 요구를 하고 비인격적인 트집을 잡고 억지 주장을 해도 '그것이 아니고요' 혹은 '그렇게 하면 안 됩니다' 하는 공무원이 없습니다. 그런 태도에는 여러 가지 이유가 들어 있습니다. 생존의 본능에서 얻어진 품성으로 공무원 조직 사회에서 내면화된 복종과 인내입니다. 그리고 인간에 대한 철저한 경계와 공포입니다. 위계조직에서 자신을 지키는 방법은 자신을 드러내지 않고 또 상식과 인간성에 대해 깊이 생각하지 않는 것입니다.

그렇게 의원들이 아무리 무모하고 함부로 해도 따지거나 덤비지 않고 다 수용하며 대우해주는 사람들만 있는 환경에서 그들더러 인격적인 존재가 되라고 하는 것은 너무나 무리한 요구이기도 할 것입니다. 어느 국민들보다 의원들을 가장 가까이 접하는 사람들로 의회와 서로 협력하고 또 견제할 수 있는 대표적인 집단인 공무원들조차 의원들을 평범하게 대우하지 못한다면 의원들에게는 정말 어려운 사람이 없게 될 수밖에 없는 것입니다.

공무원직장협의회나 노동조합이 상급기관의 감사를 받지 않겠다고 시위하는 데 힘을 들이거나 혹은 조직을 가지고 단체장과 정치하는 데 머리를 쓰기보다는 의원들의 비리를 잡아내고 권위적인 태도들을 개선시킴으로써 공무원들의 인권을 위해 노력하는 것이 더 바람직할 것입니다.

영화 속의 정치인

영화에는 온갖 유형의 정치인이 나옵니다. 영화에서 정치인은 전기 영화를 제외하고는 거의 부정적인 캐릭터로 나오는데 정치영화라고 할 수 있는 것들은 또한 범죄영화에 가깝기도 합니다.

소재가 되는 정치인으로는 대통령부터 어쩌다가 상원의원이 된 지방의 보이스카웃까지 다양하지만 내용은 주로 범죄조직에 정치인이 연루되었거나 환경 파괴의 숨은 큰손이 정치인이었거나 혹은 온 국민의 생명과 관계된 제약회사의 거대한 비리 속에 정치인이 있다고 하는 것들입니다.

이런 것들은 조금 고전적인 소재들이고, 언제부터인가 국가주의를 고취하는 수단이 된 영화들은 대통령을 컴퓨터 지능에 슈퍼맨의

체력에 위대한 정신의 소유자로 만들고 있습니다. 이런 영화들은 액션영화에 가깝습니다.

정치인을 주인공으로 한 많은 영화 가운데 〈시티 홀City Hall〉은 정치인의 의식과 행태, 심리와 함께 정치인의 이미지를 잘 드러내고 있습니다. 보통 영화에 나오는 정치인들은 그 이면이 부도덕하여 이상적인 정치관을 떠벌리지 않지만 〈시티 홀〉은 '흑과 백의 중간인 회색의 사람들'인 정치인의 그럴 듯한 정치관을 들을 수 있는 보기 드문 영화입니다.

이 영화는 상원의원과 뉴욕주 대법원의 판사와 뉴욕 시장이 마피아 보스인 사업가와 연결되어 결국 원치 않는 결말을 맞게 된다는 내용으로 역시 범죄영화의 성격을 띠고 있습니다. 이 네 신분의 거래에는 공익과 사익이 교묘하게 얽혀 있습니다. 그 부피를 나누자면 공익은 떡의 콩고물 정도입니다만 그나마 그만큼의 공익성이 있기 때문에 거래가 가능합니다.

시장은 뉴욕 시 부지에 민자로 60층 규모의 어음교환소를 짓고 싶습니다. 그 시설이 3,000명의 노동자에게 일자리를 준다는 것이 명분입니다. 그 3,000명은 곧바로 표로 이어지고 시장의 재선을 보장하는 유일한 길입니다. 어음교환소를 지을 마피아 보스는 주변 땅값을 올리기 위해 전철역과 고속도로 진입로 건설을 시에서 해줄 것을 상원의원을 통해 요구합니다. 이 마피아는 물론 상원의원의 자금줄입니다.

영화의 발단은 2년 전, 마피아 보스의 조카인 마약범이 최고 20년 형은 살았어야 함에도 불구하고 대법관에 의해 보호관찰로 풀려난 것에 있습니다. 상원의원, 법관, 시장은 맨쉬카이트*를 중요시하는 친구관계입니다.

뉴욕주의 주지사가 되고 다음으로 백악관으로 옮기고 싶은 야망과 확신을 가진 시장은 한 흑인 어린 아이의 죽음에 홀로 비탄하는 사람입니다. 그 아이는 첫 등교일에 횡단보도를 걷다가 마약범과 형사 사이에 벌어진 총격전에서 마약범의 유탄에 맞아 죽었습니다. "뉴욕시가 317억 달러라는 그 많은 돈을 쓰고도 아이를 죽게 만들다니!"

그는 특별한 정서를 가지고 있지만 역시 정치인입니다. 만일의 사태를 우려한 보좌관들의 만류에도 불구하고 소년의 장례식장에 가서 폭풍우가 몰아치고 번개가 내리치는 것과 같은 연설로 장례식장을 열광의 도가니로 만듭니다. "이 소년의 희망이 저에게 옮겨올 수 없을까요? 우리가 마음놓고 거리를 거닐며 언제 어디서나 남녀노소가 오순도순 공원에 앉아 즐길 때까지 제 일은 끝나지 않을

---

* 사나이간의 우정, 의리, 명예, 그리고 보이지 않는 유대의 유태식 표현. 인정, 동정심을 나타내는 독일어의 멘슐리히카이트(Menschlichkeit)와 비슷한 어원 같습니다.

것입니다…. 저는 그렇게는 굴복 못합니다. 저는 투쟁을 선택할 것입니다. 저와 여러분의 목표는 같습니다. 저와 함께 일어나 잠자는 소년의 날개를 달고 어린 영혼의 힘을 값지게 합시다!"

그는 사실 자신의 진실과 허위를 구별하지 못합니다. 순수한 인간적인 감정과 정치적인 욕구가 일체화되었기 때문입니다. 이쯤에서부터는 그뿐만이 아니라 보는 사람도 조금 혼란스럽습니다. 정치적 제스처와 그의 내면이 정말 구분이 되지 않을 정도로 그는 열렬하게 책임정치의 이상에 매달려 있습니다. "센트럴 파크에서 새 한 마리가 죽어도 책임을 느낀다고 선임자가 말했다. 나도 그런 책임감을 워싱턴에까지 가져가려 했다."

그는 정치와 현실을 누구보다 잘 알고 있습니다. 일을 벌리는 것이 정치입니다. 시장은 일을 해야 되는 책무가 있는 사람으로 어느 시민보다 진취적이어야 하고 강해야 한다는 확고한 자기 정체성을 가지고 있습니다. 자기의 이상과 자치단체의 비전을 동일시하는 강력한 정신의 시장은 일을 벌리는 과정에서 사고를 칠 수도 있다는 것을 압니다. 그러나 위험한 사태는 충분히 역전시킬 수 있다고 믿습니다. 그럴 때 그에게 유일한 방해꾼들은 그것입니다. "좋은 일 좀 하려면 착한 사람들이 망쳐놓는다."

2년 전 그는 한 형사가 목숨을 내걸고 잡은 마약범 사건을 맡은 대법관에게 한 통화의 전화를 했습니다. 마피아가 개입되어 있는 것을 알았지만 친구를 도와준다는 단순한 의도였다고 합니다. 상원의원을 통해 마피아의 돈 5만 달러를 받은 대법관은 원래의 훌륭한 자질에 날개를 달아 그 공정한 인품이 더 빛을 발하는 자리까지 올라갔습니다. 이제 총격사건으로 인해 대법관의 과거 판결에 대해 언론이 관심을 갖고 결국 대법관은 사퇴를 하게 됩니다. 그런데도 시장은 백악관으로 들어가야 되는 자신의 청사진에서 구름 한 조각 발견하지 못합니다. "청렴함과 훌륭함이 있어도 힘이 없다면 뭘 할 수 있겠는가?"

그 한편에서 상원의원은 열심히 어음교환소 부지 확보와 전철역 유치로 시장과 정치가 아닌 거래를 합니다. 그들은 상대방의 떡이 더 커보인다고 서로 빈축을 하지만 그래도 자기들 몫이 결코 적지 않았다는 것을 시인해주는 것만으로 믿을 만하고 씸빡한 좋은 친구라는 것을 확인합니다. 시장과 대법관, 상원의원은 진심으로 서로를 존경하고 우의를 믿습니다.

시장은 나중에 말합니다. "넘어서는 안 될 선이 있다. 그러나 수많은 거래를 하다보면 한두 번 선이 지워질 때가 있다. 그것은 황색 신호 중의 질주였다."

그러나 그것은 황색 신호가 아닌 '적색 신호'였다고 시장에게 고쳐 말해주는 사람이 있습니다. 그 사람은 또한 시장이 카리스마가 가득한 태도와 목소리로 말했던 맨쉬카이트에 대해서도 '정치적

야합을 은폐시키고 막후 타협을 일삼았던 그런 인간들의 잘못된 의리'라고 항변합니다. 대법관이 법복을 벗게 된 것도, 막다른 길에서 상원의원이 권총 자살하게 된 것도, 그리고 시장이 사퇴하게 되는 것도 형사나 기자가 아닌 이 사람의 집요한 조사 때문이었습니다. 이 사람은 시장의 특별보좌관인 정치 초년생입니다.

시장은 이 사람의 우상이었고 이 사람은 끊임없이 시장에게 감동을 받았습니다. 그러니까 시장은 가장 옆에 있는 사람한테까지 감동을 주고 존경받은 그런 정치인이었습니다. 이 사람 역시 시장을 잘 보좌하여 백악관까지는 아니더라도 워싱턴으로 가고 싶은 꿈이 있었습니다. 시장은 이 사람을 아들처럼 사랑하고 또 존중하여 이 사람의 조사활동을 방조했는데 이 사람이 어느 선에 가서는 덮어줄 것으로 믿고 있었습니다. 그것이 정치이니까요. 그런데 이 사람은 그렇게 하지 않았습니다. "자진 사퇴하시고 조금 쉬셨다가 변호사 개업을 하시든지 외국 대사로 나가시지요."

이 사람은 눈물을 감춘 깊은 슬픔이 있다고 시장한테 말합니다. 신봉했던 사람에 대한 믿음과 자신의 정치적 확신이 흔들렸기 때문일까요?

이 사람은 정치를 포기하지 않았습니다. 타임지 표지에까지 실린 이 사람은 시장과 함께 동반 사퇴를 하고 뉴욕시의 시의원으로 출마합니다. 거기에서부터 정치를 시작하고 싶었던 것입니다. 지하철 입구에 서서 지나가는 한 사람 한 사람에게 홍보물을 돌리며 "참된 일꾼이 되겠습니다!" 하고 외치는 그 모습이 새벽바람처럼 그렇게 신선하게 다가올 수가 없었습니다.

II. 정치인과 유권자

위대한 정치가들은 우리에게 믿음과 자신감을 갖도록 한다. 그들은 절대적인 정직을 갖고 있으며 범할 수 없는 원칙을 고수한다. 이들은 원칙을 손상하게 되면 권력의 위치에 남아 있을 수 없다는 것을 잘 알고 있다.

―데이비드 호킨스

민심이 천심인가

민심을 살피는 사람들이 정치인입니다. 정치인은 자신의 의식과 행보를 민심이 좌지우지하는 것처럼 거의 모든 경우에 민심을 말합니다. 그럴 때 민심은 정치인한테 불가항력의 힘 같고 또 그 앞에 정치인들은 겸손해지는 것 같습니다. 그럴 수밖에 없는 것이 민심에 의해 결정되는 보기 드문 운명을 가진 사람들이 정치인이기 때문입니다.

사실 다수를 필요로 하는 정치인들한테는 민심의 내용이 중요한 것이 아니라 민심의 부피가 중요합니다. 그리고 그 부피가 크면 클수록 신탁과도 같은 의미를 가지게 됩니다. 그래서 정치인들은 절대권력을 받은 것처럼 자기와 민심의 관계를 뒤섞습니다. 자신이 민심을 따라다니고 있는 것처럼 생각하지만 민심을 유도하고 이용하는 것이 그들이 하는 정치입니다.

정치인들은 민심을 임의적으로 인용하는데 자신들이 기회주의적으로 처신할 때와 결과를 정당화할 때 써먹는 말이 그것입니다. 정치인들은 선거에서 당선되었을 때 그것을 민심이라고 하고, 또 자신이 줄서기를 하고 싶을 때 표가 많을 것처럼 생각되는 쪽으로 움직이면서 민심의 뜻에 따른다고 말합니다. 정치인들한테 민심은 '다수의 뜻' 이상도 이하도 아닙니다.

다수의 뜻들이 많다 보니까 정치하는 사람들은 또 다수의 뜻을 창작하기도 합니다. 정치는 시간이 지나는 그 순간 역사가 되는데 역사는 이미 지나가버린 것으로 바꿀 수도 되돌릴 수도 없고 타산지석의 교훈이나마 얻을 수 있으면 가장 현명한 태도일 것이지만, 정치인들은 한 가지 정치사건을 놓고 온갖 개연성을 그때부터 다시 창조해내고 앉아 있습니다. '만약 동학혁명이 성공했더라면' 하는 식의 역사 가정이 정치판에서는 단순한 가상이 아닌 현실로 구체화되는 것입니다. 한 사건에 대해 순열조합된 수만큼의 시나리오들이 시종 판을 치고 있습니다.

그런 시나리오를 만드는 사람들이 바로 민심을 조작하는 사람들이기도 합니다. 이들은 사람들의 의식이 천박하고 이기적이고 단순하게 나타나는 것이 자기들한테 유리하다고 생각하는 사람들입니다. 결국 이들은 이런 수준 저런 수준의 의식을 늘 그런 식으로 재며 자기들한테 가장 유리한 수준의 여론을 민심이라고 끌어다 붙이는 것입니다. 말할 것도 없이 그런 시나리오는 최악의 정치가 됩니다.

　정치인들이 '성공'을 생각하고 민심을 고려한다면 상당히 혼란스럽게 됩니다. 인간의 취약성을 마음껏 유인하고 조롱하고 이용하는 것이 정치이기도 한 속에서 민심에 진실이 부재한 것을 너무도 많이 보아왔기 때문입니다. 자기 앞의 안일과 이익이 최고로 우선인 사람들의 바램을 민심이라고 하면서 그 바램에 봉사하겠다고 말하는 것이 정치였습니다.

　정치인들이 그렇게 이용된 다수의 뜻을 민심이라고 말하는 한 편에서, 권력과 돈으로 어르고 어루만지면서 자신의 목적을 채우는 정치인들을 키워주는 것이 권력과 돈에 약한 민심이기도 하였습니다. 실질적으로는 정치인은 권력 자체에서 쾌감을 얻지만 민심은 권력을 쥔 정치인을 아주 가까이에서 보는 것만으로도 만족을 얻기도 합니다. 그것은 물론 현혹에 불과하지만 말입니다.

　봉건시대도 아니고 절대왕정시대도 아닌 민주주의의 초첨단인 현대에 이르러서도 국가들간에 전쟁이 끊이지 않고 미래의 더 큰 재앙을 쉽게 예견할 수 있는 이유는 바로 정치와 민심의 가장 나약한 부분이 결합되어 있기 때문입니다. 이것이 정치나 제도를 발전하지 못하게 하는 요인이며 현대 사회가 여전히 야만적인 정신에 의해 지배되는 이유입니다.

민심은 정의를 추구하는 것이 아니라 자기들의 생존과 이익을 추구합니다. 생존과 이익에 대한 욕구가 평화와 민주주의와 자유를 수호하는 정신을 압도해버리는 현실의 가장 큰 수혜자들은 정치인들과 또 그들과 유착된 기업가들입니다. 그 속에서 민심은 안정과 풍요를 누리고 있는 것처럼 착각하고 있는 것입니다. 그 거대한 민심을 위대하다고 어떻게 말할 수 있을까요. 다만 정치인들이 그것을 끌고 다니며 공존공생하고 있을 뿐인데요.

정치인들은 공약을 자꾸 내걺으로써 국민들의 정신을 타락시키고 가치와 이상을 파괴하고 있습니다. 정치인들은 가장 본능적인 인간의 욕구를 자극하고 채워주는 듯하면서 인간 정신을 마비시키는 천재들입니다. 똑똑하고 영리한 소수의 지배자에 의한 정치라는 틀을 끝까지 재현시키려 하는 것이 정치권력을 사랑하는 사람들의 방향인 것입니다.

그럼에도 우리는 인류 역사에서 민중의 혼을 보아왔다는 것을 부인하지 못합니다. 민심이 천심이다라고 말하지 않을 수 없었던 그 순수한 집단정신이 곳곳에서 역사해온 것을 잊을 수가 없습니다.

그래서 보통 정치인들처럼 민심이라고 말하지 않고 '씨올'이라고
해야 했는지 모르겠습니다.

정치인은 유권자를 두려워하지 않는다

거의 모든 정치인이 '유권자(혹은 국민)를 두려워한다'라는 말을 아주 자랑스럽게 써먹고 있습니다. 그러면 자기들이 아주 겸손하게 보이는 줄 알고 말입니다.

사실, 정치인은 어느 정도 유권자를 두려워하는 것 같습니다. 존중한다라고 표현할 수도 있지만 두려워한다라는 표현이 조금 더 적절할지 모릅니다. 그리고 자신들이 유권자들에 대해 이런 의식을 갖는 것을 정치인으로서의 기본 양식이라고 생각합니다. 의원은 국민 또는 주민의 대표라는 의미이겠지요.

정치인은 이렇듯 유권자를 두려워하는 것처럼 스스로 여기지만 정치인이 두려워하는 것은 유권자라는 집단이 아니라 유권자의 표입니다. 유권자의 의식과 태도의 향방에 따라 정치인 자신이 송연해질 수 있는 결과를 가져오는 것이 엄연한 현실이기 때문입니다. 정치인은 표 생각만 하면 유권자가 어렵고 두렵게 됩니다.

그러나 평생 선거에 당선되어 죽을 때까지 정치를 하고 싶은 사람들이라고 해서 평생토록 유권자를 두려워하며 사는 것은 아닙니다. 또한 의원이 되었다고 해도 임기 내내 유권자들을 두려워하지도 않습니다.

정치인이 유권자를 두려워할 때는 딱 선거 때입니다. 거기에 단순히 득표를 해서 의원이 되고자 하는 욕심만 있는 것은 아닙니다. 선거 때만큼은 유권자에 대한 순정이 생깁니다. 그때야말로 유권자의 권리가 제대로 보이기 때문에 지역 발전과 민생을 위해 헌신해야겠다는 순수한 열정에 사로잡히게 됩니다. 그리고 유권자의 한 표 한 표가 진실로 의미 있고 귀한 것이라는 감동이 큽니다. 아무 연관도 없는 사람들이 자신을 믿어주고 지지해준다는 것이 얼마나 감격을 주는 지 모릅니다. 거기까지는 권력이 확실히 유권자인 국민한테 있는 것 같습니다.

그러나 선거 다음 날부터 권력이 일거에 이동하는 기적 같은 현상이 나타납니다. 그것은 누구도 그렇게 되리라 예견했던 것이 아닙니다. 유권자들은 물론 의원 자신도 그렇게 의도했던 사람은 없습니다. 다만 보이지 않는 어떤 손이 관계를 변화시켰다고 볼 수밖에 없는데 그것을 권력의 힘이라고 해야 할까요? 유권자들의 손에 하나하나 분산되어 있었던 권력이 다 모아져 한 사람의 선출직 의원한테 집중되어버린 것입니다.

그리고 의원들은 그 권력을 이용하여 죽을 때까지 그 자리를 지키려고 합니다. 언론은 당선된 의원의 봉사정신과 책임감을 고무시키고 새로운 역할을 기대하며 긍정적인 부담을 주는 것이 아니라 유권자들의 표를 얻을 수 있었던 정치적인 성공 혹은 개인적인 능력을 찬양하기에 바쁩니다. 그러면서 그 한 사람의 의원이 유권자 모두보다 우수하고 위대한 것 같은 이데올로기를 만들어냅니다.

그래서일까요? 유권자들도 갑자기 자기가 뽑아준 의원이 대단하고 존경스럽게 보입니다. 자기들이 뽑아준 의원들의 눈치를 보고 그를 조심하는 거지요. 사실은 그 의원을 어려워하는 것이 아니라 그 의원이 부리게 되는 권력을 숭상하는 것이지만 말입니다.

그러니까 정치인은 유권자의 표를 두려워하고 그 순간이 지나면 유권자는 정치인의 권력을 두려워하게 되는 것입니다. 유권자는 권력에 소외된 인간의 처지가 되어 그를 조심하고 배려하여 공복이라는 그들에게 차마 아무런 일감을 주려고도 하지 않습니다. 십수 년을 의원을 하면서도 송장처럼 편한 의원이 의회에 더 많게 되는 이유 가운데 하나가 이것이기도 합니다.

유권자는 크게 세 종류가 있습니다. 선출된 정치인을 범사에 떠올리면서 지역문제나 정치적인 문제들을 가지고 그들에게 많은 책임을 지우고자 하는 유권자가 있는가 하면, 뽑기는 자기들이 뽑아주었지만 의원들이 어디서 무슨 일을 하는지 아무 관심도 없는 유권자가 있습니다. 노자의 말대로라면 정치가 있는가 없는가 관심이 없이 살 수 있는 이런 상황이 가장 이상적이기는 합니다. 그리고 의원들이 하는 일이 아주 큰 일이고 중요해서 자기들의 민원이나 정치적인 요구 같은 것들은 오히려 그들을 번거롭게 하니까 스스로 해결해야 된다고 생각하는 유권자가 있습니다.

자기들이 찍어준 의원의 지역 사업이나 정치적인 역할에 대해 개입하려는 엄두를 전혀 내지 못하는 유권자가 대부분인 것을 보면, 의원을 잘 찾아내 이것저것 따지고 요구하는 유권자가 극소수나마 존재한다는 것이 놀랍기 그지없습니다. 의원은 아주 바쁘고 중요한 사람들이라는 인식이 유권자한테 만연하게 되어 유권자들은 의원의 시간을 빼앗는다는 미안함이 있습니다.

이것은 한편 의원들의 모습에서 얻은 것이기도 합니다. 의원들이 성실하고 진지하고 부지런하고 친밀한 느낌으로 유권자를 접촉하였으면 유권자들은 그렇게까지 의원들과 거리감을 갖지는 않았을 것입니다. 얼마나 거창한 일을 하는지 아주 바쁜 사람처럼 늘 정신 없는 모습만 보여주는 의원들하고 어느 사람이 차분하게 이야기를 할 엄두를 낼 수나 있었겠습니까?

또 하나, 의원들이 의회에서 의사를 결정하는 과정을 보면 그들이 유권자를 두려워한다는 말이 전적으로 빈말임을 알 수 있게 됩니다. 유권자들이 반대하는 사안이 속속 집행되고, 또 시민사회단체들이 죽자 사자 저항하는 법안들이 대부분 통과됩니다. 유권자들의 바람, 유권자들의 분노, 유권자들의 허탈감 같은 것은 의원들의 귓가에 부는 바람만도 못한 것이 되고 맙니다.

그렇다고 거대한 반대세력의 압력을 한 쪽에서 받고 있는 것도 아닙니다. 의회 안에서의 권력관계, 그리고 이해득실을 주고받는 인간관계가 먼 곳에서 중구난방하고 있는 유권자보다 더 가깝고, 자기들끼리 영향력을 과대 평가하는 시민사회단체보다 확실하게 영향력을 미치는 것입니다. 그리고 의원들 자신의 성격과 가치관이 권위가 되어 누구의 말도 중요하게 생각하지 않는 사람이 되는 것입니다. 따라서 주민 혹은 국민의 대표라는 것도 어불성설입니다.

유권자의 유일한 권리는 투표입니다. 지방자치의 경우 주민소환 제도도 요원하고, 중앙 정치의 경우 탄핵소추권도 의원들에게만 있는 현실에서 유권자에게 있는 유일한 정치권력은 선거입니다. 의원들을 임기 내내 평가할 수 없거나, 의원들에게 관심이 없거나, 의원들을 제대로 활용할 수 없을 것 같으면 그냥 물갈이 해버리는 것이 가장 간단합니다.

유권자들이 정치인 중심으로 사고하고 선택할 필요는 없습니다.

선거에서의 주체는 정치인이 아니라 유권자이기 때문에 유권자 중심의 필요에 맞추어 정치인을 재단해볼 수 있는 것입니다.

특별히 문제가 있거나 의심스러운 전력이 아니면 어떤 후보자라도 우리를 위해 일할 수 있으려니, 혹은 해 아래 새로운 것이 없으려니 하면서 과감하게 물갈이를 해보는 것입니다. 한 인간에게 오래 권력을 쥐어주어 사람 망치는 것보다는 인간 하나 버릇 잡는다는 인간적인 동기도 좋습니다. 그리고 어떠한 선거 결과에도 국가의 운명이나 유권자들 개인의 운명이 뒤바뀌는 것은 아니니까요.

우리에게 다선 의원이 필요치 않은 이유

　의회제도의 역사가 오래된 나라들은 다선 의원들이 상당수 있습니다. 그 나라들에 다선 의원들이 더 많은 정치·사회적인 이유 몇 가지가 있습니다. 정치에 대한 무관심이 결국 의원들의 정치생명을 연장해주는데요, 현실 정치를 변화시킬 수 있다는 기대가 국민들 사이에 점차 사라지게 된 것입니다.

　거기에 기득권층이 정치에 대한 무관심을 사회 이데올로기로 조장해온 역사이기도 합니다. 그리고 정치가 갈수록 특정 이익집단에 의해 좌지우지되는 가운데 한 계층의 이익을 꾸준히 대변해온 정치인이나 또 특출할 정도로 도덕적이고 아주 탁월한 정치인들이 장기 선출될 수도 있습니다.

우리나라 정치인들은 다선 의원이 많다는 이유로 외국의 의회를 부러워합니다. 자신들도 그렇게 오래도록 정치를 하고 싶기 때문입니다. 정치인들은 자신 정도 되는 정치인이라면 평생토록 의원을 할 수 있도록 유권자들이 지지해주면 좋겠다고 생각합니다. 능력 차이를 떠나 일단 정치에 뜻을 두고 선거에 나오는 사람들 모두는 자신들이 가장 자격 있는 정치인이라고 확신하는 사람들이기는 합니다. 다만 유권자들이 까다롭고 사람을 몰라주는 데서 자기의 역량이 발휘되지 못한다고 생각합니다.

의원들은 다시 의원이 되기 위해서도 열심히 일합니다. 전문직이라고 할 수 없는 의원의 일에 크게 뒤지지 않고 열심히 하다보면 의원이라는 것이 사명을 넘어 체질이 되는 것을 깨닫습니다. 자신한테 가장 잘 어울리는 일이 바로 이 일이다 하는 만족과 함께 할 수만 있으면 평생을 의원으로 살고 싶은 집착이 생기는 것입니다.

모든 후보자들이 자기가 최고로 자격 있는 후보라고 생각하듯이 거의 모든 의원들은 자기가 최고로 열심히 한 의원이라고 생각합니다. 자기 만족이 없는 의원들을 찾아보기란 불가능합니다. 의원들은 다음 선거를 위해서 자신의 활동을 최대한으로 홍보합니다. 홍보를 하는 것은 물론 의원 자신만을 위한 것은 아닙니다. 알 권리가 있는 유권자들한테 의정활동 보고를 하는 것은 의무이기도 합니다.

그런데 알다가도 모를 유권자의 속을 의원들은 선거 때마다 절감

합니다. 유권자들의 반응에 섬뜩섬뜩하게 되는 경우가 한두 번이 아닙니다. 등골이 빠지게 일을 해도 유권자들은 크게 만족하는 것 같지 않습니다. 자신의 능력이나 도덕성으로 보아 유권자들이 만족할 만하여 자신을 계속 의원으로 선출시켜도 결코 잘못된 선택은 아닐 터인데 뭔가 유권자들이 무관심하고 이기적이다라는 생각도 듭니다.

언론과 방송에 자주 나오고 보고물도 해마다 만들어 배포하건만 무슨 일을 했는지 전혀 모르는 유권자들이 적지 않습니다. 자기가 지역을 위해 그토록 많은 일을 했는데도 마치 선거 때만 돌아다니는 것처럼 말하며 새로운 후보들에게 관심을 보이는 유권자들이 의원들은 야속하고 원망스럽지 않을 수 없습니다.

정치 환경을 발전시키는 데 정치인만이 아닌 유권자에게도 책임이 있다는 것을 그때마다 의원들은 절감합니다. 좋은 정치인을 알아보고 키워주는 유권자 의식교육이 꼭 필요하다는 생각이 그때처럼 간절하게 드는 때도 없습니다.

거기에 다선 의원들만이 가지는 정치적인 이점들을 의원들 자신은 너무도 잘 압니다. 활동 경험과 맺어진 인간관계로 먼 길도 가깝게 갈 수 있고 불가능한 일도 해결할 수 있습니다. 국회의원의 경우 다선 의원이 지역에 가져다주는 보조금과 초선 의원의 그것과는 현격한 차이가 있습니다. 그런 이유로 지역 발전을 위해서는 계속 자신이 의원으로 선출되어야 한다고 모든 현역 의원들은 호소합니다.

그럼에도 불구하고 유권자들은 의원들을 갈아보고 싶어합니다. 유권자들은 정치인한테 빚진 것이 없고, 또 그들에게 큰 관심이 없기 때문에 새로운 사람 꼴을 보고 싶어하는 심리가 있습니다. 사실 우리나라에서 그나마 재선 이상의 의원이 있는 것은 그들의 자질 때문이 아니라 정당을 보고 의원을 뽑는 현실에서 그들이 공천을 잘 받았기 때문입니다. 물론, 그들을 공천해 주는 사람들 앞에 필요한 자질과 그들을 뽑아주는 유권자들 앞에 필요한 자질이 꼭 일치할 리도 없습니다. 시골 지역으로 갈수록 4선, 5선 의원이 많은데 그들 중 상당수는 비리에 확실히 연루되었거나 의혹을 받고 언론과 방송에 오르내렸던 사람들이라는 것이 이 모든 사실을 입증합니다.

그런 풍토 속에서 확실한 대안 후보가 있을 리 없습니다. 승산이 없는 선거에 경쟁력 있는 후보가 나타나지 않기 때문에 유권자들은 울며 겨자 먹기로 재선 삼선의원을 만들어주는 것입니다. 선거 때의 총 투표율과 당선자들이 받은 득표율을 보면 얼마나 만족스럽지 못한 선택인가 하는 것을 바로 알 수 있습니다. 우리나라 투표율이 갈수록 낮아지는 것은 정치에 대한 무관심보다 선거가 재미없기 때문입니다.

정작 유권자들의 입장에서는 초선의원이냐 재선, 삼선의원이냐가 아무 의미가 없습니다. 그저 자기들이 뽑아준 의원이 자랑스러운 선량이 되기만을 바랍니다. 선수에 따라 의원들의 무게를 나누고 싶은 사람은 선수가 있는 의원들 자신뿐입니다. 그 옆에는 입에 발린 치사를 해주는 사람들이 있을 뿐으로, 정작 어느 초선의원 하나 재선 삼선 의원의 권위에 뒤지는 사람 없습니다. 그것이 '의원 위에 의원 없는' 선출직들의 자부심인 것입니다.

양식 있는 유권자들은 선수가 많아지는 의원들이 지역 발전에나 국정에 크게 도움이 되지 않는 것도 압니다. 의원들이 정도를 걸으며 최선의 책임을 다하기를 바라지 지역 이기주의의 도구가 되기를 바라지도 않습니다. 그리고 그들이 선수를 쌓아가며 누리는 특권과 이득을 생각하면 그들이 지역과 국가를 위해 하는 일이 얼마나 턱없이 부족한가 하는 것을 모르지 않습니다.

초선의원들에게서 유권자들이 더 큰 만족과 안심을 얻게 되는 것은 자명합니다. 초선의원들의 활동력과 의지는 정치력이라는 타성이 붙은 노회한 정치인들의 그것과 비할 바가 못 된다는 것을 유권자들은 너무도 잘 알고 있습니다.

국회의원들은 지방자치단체장이 삼선 이상 못하도록 지방자치법을 개정했습니다. 선수가 많아질수록 쌓이게 되어 국회의원들이 그토록 경계하는 단체장들의 폐단이라는 것이 똑같은 선출직인 국회의원 자신들한테도 해당되는 것은 자명합니다.

단체장의 삼선 연임을 제한해야 되는 법안 취지를 백분 인정하여 단체장뿐만 아니라 지방의원을 포함한 모든 선출직들을 다 삼선까지로 제한하는 법을 만드는 것이 차라리 공정한 태도로 보입니다. 그렇게 하지 않는 것이 국회의원들의 이기심과 독단을 드러내 보이는 것일 뿐입니다.

너도나도 의원이 되어 일을 하겠다고 애원하는 사람들이 많을 때는, 그리고 그들의 수준이 비슷하게 보일 때는 바로 갈아버리는 순발력이 유권자에게 필요합니다. 민생이 끝없이 위협받고 사회 곳곳의 병리가 회복되지 않은 우리나라 같은 현실에서는 돈키호테 같고 촌닭 같은 초선의원들의 세련되지 못하고 좌충우돌하는 열렬함이 더욱 필요합니다.

어떤 사람이 의원이 되는가

민주주의 역사는 국민들이 선거권과 피선거권을 얻기 위한 투쟁의 역사라고 볼 수 있습니다. 선거권을 행사하든 피선거권을 행사하든 자기가 사는 지역과 국가를 운명 공동체로 느끼게 하고 결속하게 해주며, 또한 그것을 표현하는 것이 바로 선거입니다.

선거 행위를 이해하면 사람들의 마음속에 들어 있는 순수한 애국·애향심을 바로 발견할 수 있습니다. 투표를 하는 사람들은 자기의 이익을 떠나 공동체를 위한 사람을 고르는 재미를 누릴 수가 있고, 또 입후보한 사람은 자신의 영달이 아닌 공동체를 위해 일을 해보겠다는 열정 그 자체로 다른 어떤 보상이 필요 없는 충만감을 얻게 됩니다.

그럼으로써 선거는 사람들의 마음속에 있는 이타심과 공동체 의식을 끌어내며 고양시키는 역할을 하게 됩니다. 그래서 선거를 잘하는 사람들은 선거를 시끄러운 유세판으로만 돌리고 피하는 것이 아니라 축제처럼 참여할 수 있는 것입니다.

축제와 같은 선거에서 후보자들은 유권자들이 금권이나 친분에 좌우되는 것만이 아니라는 것을 발견하게 되고, 유권자들 역시 감투를 좋아하고 나서기 좋아하며 남한테 부탁하는 것을 대수롭지 않게 여기는 뻔뻔한 사람들이 정치하겠다고 하는 것만은 아니라는 것을 깨닫기 됩니다.

선출된 의원들은 나름대로 성실히 일을 합니다. 의원들에게 어떤 특별한 자질이 있는 것은 분명합니다. 인간과 사회에 대한 관심이 없는 사람들은 천금을 주어도 남의 일을 하지 못합니다. 사람들이 자기 형편에 여유가 있어 봉사하거나 남의 일을 할 수 있는 것은 아닙니다. 돈이 많은 사람들 사이에서는 '구걸 벼슬'이라고 의원들을 비하하여 말하기도 합니다. 그런 것을 귀족의식이라고 해야 할지 모르지만 인간의 가치를 가르고 신분을 차별하는 유치한 발상인 것은 분명합니다.

의원이라는 사람들은 자기 시간과 자기 열정을 바쳐 남의 일을 하겠다고 스스로 나선 자들입니다. 남의 발전을 자기의 발전으로 삼고 자기 속에서 공동체의 비전을 끌어낼 수 있는 것이 기본인 사람들입니다. 아무리 불성실하고 잿밥에만 정신이 있는 의원 같이 보여도 보통 시민 이상의 사회성과 공덕심을 가지고 있는 것을 발견합니다.

학생회가 되었든 신도회나 종친회가 되었든 사적 이익이 아닌 공공 혹은 단체의 이익을 위해 일해본 사람들이 의원으로 나서도 나섭니다. 선출직 의원으로 나섰다는 그 자체가 희생이고 봉사인데 선거를 감당할 수 있는 인생은 세상에 그렇게 많지 않습니다. 의원들한테 주어지는 명예는 바로 그런 정신을 인정하는 사회적 보상이기도 합니다.

또 한편 특권사회에서 의원이라는 위치처럼 매력적인 일도 없습니다. 특히 선출직 의원이 매력이 있는 것은 아무나 될 수 있는 자리이기 때문입니다. 자본주의 사회에서 직업과 지위를 갖기 위해서는 일정한 자격과 능력이 필요합니다. 학력도 필요하고 자격증도 필요합니다. 줄도 있어야 하고 자본도 있어야 합니다. 공무원이나 회사원이 되기 위해서는 시험을 치러야 하고 학자나 전문직이 되려면 그만큼 공부를 많이 해야 됩니다.

그러나 의원은 그런 자격 제한이 전혀 없습니다. 봉사심과 사명감이라는 남다른 열정에 사회를 변화시켜보고자 하는 발군의 의지가 있고, 거기에 명예심이라는 사회성의 날개까지 달린 사람이 선거에 나오고 싶어하는데, 천성일 수도 있고 사회 속에서 얻어지는 것일 수도 있는 이런 소양들이 의원이 되는 자격이라면 자격입니다. 그리고 유권자들의 표만 많이 얻으면 됩니다. 주민들의 표를 얻기 위한 노력과 능력 여하에 의원의 당락이 결정되는 것입니다. 분야와 계층을 뛰어넘어 아무나 의원이 될 수 있다는 점에서 민주주의의 장점이 있습니다.

주민만 뽑아주면 누구나 권력을 얻을 수 있는 이 현실이 한편 많은 사람들을 들쑤시기도 합니다. 진짜 나서기 좋아하고 공것을 좋아하는 뻔뻔스러운 사람이 꼭 해보고 싶은 자리가 의원 자리가 됩니다. 그들은 어깨 너머로 의원들이 어떻게 잘 나가고 얼마나 편안한 존재인지를 눈여겨본 사람들입니다.

그런 사람들한테 활짝 열린 것이 지방의회입니다. 마음만 먹으면 바로 될 수 있을 것같이 보이는 것이 지방의원입니다. 사실, 국회의원도 큰 차이는 없는데 입지자들의 활동무대가 중앙이었거나 돈의 씀씀이가 더 큰 사람들이라는 것뿐입니다.

어렵거나 복잡하지 않은 지방의원 선거에서 비방과 모함과 거짓이 난무하게 되는 것은 바로 그렇게 필사적으로 의원이 되고자 하는 사람들이 인격과 자존심을 선거판에 내던졌기 때문에 그렇습니다. 그런 사람들은 의원의 인상을 확실하게 가지고 있는 사람 같습니다. 금관처럼 선명하고 찬란한 의원의 표상이 있지 않고서는 그처럼 수단과 방법을 가리지 않고 의원이 되려고 하지는 않을 것입니다. 당선되어야 하는 것은 말할 것도 없고 떨어진다는 것을 말할 수 없는 인생의 실패로 믿고 있는 것입니다.

그런 사람은 주민한테 봉사하고 좋은 일에 나서서 자기를 알리는 정당한 방법보다는 꾸며내고 거짓된 방법이 더 빠르다고 믿어 그런 방법을 선거에서 선택합니다. 결과적으로 주민들 덕에 의원이 되고 싶으면서도 주민들을 하찮게 여기는 것입니다.

이런 사람들이 의회에 나오려고 하는 것은 의원의 일이 너무도 쉽고 폼만 나게 보이게 만든 의원들 자신한테도 책임이 있습니다. 저런 사람도 의원이 되고, 또 의원이 저런 짓도 하는데 나라고 못 될 것 없다는 생각이 평범한 사람들 사이에 만연하게 되는 것입니다.

그러나 보통 의원직은 어떤 사람이 그동안 생활해온 것과 잘 부합된 속에 주어지는 새로운 삶의 현장에 불과하여 처음부터 아름답고 휘황한 자리로 인식하고 시작하는 것은 아닙니다. 심지어 금관이 아닌 가시관을 스스로 쓰는 일로조차 여겨지기도 합니다. 그럴 때 의원의 일은 저절로 오는 것 같기도 하여 선거를 성실하게 치르기만 하면 만약에 떨어진다고 하여도 크게 낭패할 것도 없는 것입니다.

정치 혼란의 책임,
유권자한테 있는가 정치인한테 있는가

지방의회에서나 국회에서 발언은 물론 의원다운 활동을 하지 못하는 의원들을 분명 찾아낼 수 있습니다. 그래도 이들이 건재한 이유는 의원 위에 사람 없기 때문입니다. 상급기관이 있어 일하는 것을 감사하는 사람 없고, 또 밑에서 정치적 노선이 다르다거나 불성실하다는 이유를 내세워 낙선 운동하는 한다는 유권자도 생각보다 적습니다.

유권자보다 의원들이 더욱 즐겨 쓰는 표현으로 의원들을 '심판'하는 수단으로는 선거밖에 없습니다. 그러나 그것도 선거에 의해 심판을 받게 되는 경우보다는 공천 과정에서 정당의 보스들과 주류 세력들에 의해 심판 받는 것이 더 결정적인 영향을 미칩니다.

공천을 받은 의원들이 특정 정당에 대한 배타적인 감정에 편승하여 거의 당선이 되는 현실에서 대부분의 유권자들은 투표에 대한 책임이나 재미를 느끼지 못하고 기권하는 현상이 갈수록 두드러집니다. 의원들은 자기들이 주민의 지지를 얻은 선출직이라고 권위와 자부심을 드러내지만 투표율과 득표율을 보면 과연 엄밀한 의미에서 대표성이 있는지 회의하지 않을 수 없게도 됩니다. 그나마 그런 선거도 경쟁자가 있고 그 경쟁자보다 한 표라도 많은 표를 득표했다는 점에서 그들의 능력과 수고를 인정하지 않을 수는 없을 것입니다.

유권자들의 낮은 투표율을 가지고 우리나라 사람들이 정치에 무관심하다고 단정짓는 것은 아직은 시기상조입니다. 서로 다른 체제가 대치하고 있는 상황에서 군사적으로 자결권이 없으며, 정치적으로나 경제적으로 강대국에 그토록 종속적이면서, 사회적으로는 병리현상이 끊임없이 속출하는 이런 나라에서 정치에 무관심한 국민들은 거의 없습니다. 국민들은 한편으로 아무 역할도 하지 않고 도움도 되지 못하는 국회의원들을 참고 봐주는 것에 극단적인 인내심을 발휘하고 있는 것입니다.

이렇게 된 데 대한 궁극적인 책임이 정치인들한테 있느냐 그런 정치인을 뽑아준 유권자들한테 있느냐라는 문제제기도 계속 이어집니다. 먼저 유권자 책임론을 말할 수 있을 것입니다. 정치인은 선출직이고 유권자들한테 투표권이 있기 때문에 투표권을 행사하는 유권자들의 정치의식이 우리나라의 정치 수준을 대변한다고 말할 수 있습니다.

그것은 궁극적으로 맞는 말입니다. 유권자 중에서 정치인이 나오지, 정치인이 하늘에서 떨어지는 것은 아니기 때문입니다. 그리고 유권자들의 의식이 바뀜으로써 정치 현실이 바뀌어진다는 가정도 진실입니다. 유권자들이 정치와 제도에 대해 조금만이라도 지식을 가지려고 한다면 정치권력에 대한 스위치 역할을 충분히 할 수 있습니다.

예를 들면 정치인들이 권력과 제도를 이용해 사회 발전을 저해하는 행태를 자행할 때 유권자들 역시 법과 제도를 가지고 그것을 차단시킬 수 있습니다. 그리고 정치에 대한 기대를 포기하지 않는 것입니다. 냉소와 혐오로 무장한 채 정치와 무관하게 자위자강하고 사는 것을 최선으로 여길 것이 아니라 훌륭한 정치인을 키워내는 것입니다. 충고와 조언과 자문으로 유권자는 유권자의 책임을 다하고 그 과정에서 정치인의 태도를 검증해볼 수 있을 것입니다.

그러나 아무리 유권자들에게 선택과 감시의 책임이 있다고 하더라도 유권자들의 의식수준을 조종하고 무력화하는 더 큰 힘인 정치권력을 간과할 수 없습니다. 정치인 한 사람은 그가 당선된 지역의 유권자와 국민들 모두를 대표할 수 있는 능력과 권한을 가졌다고 볼 수 있습니다. 국민 한 사람과 정치인 한 사람의 인간적이고 지적인 능력과 활동성을 비교하는 말이 아닙니다. 국민이라는 집단적인 의식보다 정치인이라는 한 사람의 의식이 더 강력할 수 있다는 말입니다.

정치인들은 정치술에 있어 전문가 집단이라 볼 수 있는데, 아무리 소수라 하더라도 어느 전문가 집단이건 다수의 일반인 집단보다 능력으로나 영향력으로나 더 우위에 있는 것처럼, 정치인들 역시 정치 전문가로서 일반인들의 정치의식을 앞서고 좌지우지할 수 있는 힘들이 있습니다. 국민들이 생업에 몰두해 있을 때 국민의 정치의식과 수준을 가늠하고 또 연구하며 자신을 위한 정치에 골몰하는 사람들이 정치인입니다.

국민들이 생존과 생활이라는 큰 짐을 지고 서서히 세월을 흘러가는 하나의 거대한 강이라고 한다면, 정치인들은 그 강에 쏟아져 내리는 소나기와 같은 존재들입니다. 소나기는 순간적으로 강물을 팽창시키며 표면에 거창한 수포들을 만듭니다. 자신의 모든 에너지를 들여 시간의 전부를 정치에 집중하는 정치인들이 먹고사는 데 급급한 따로따로인 국민들을 뒤흔들기는 식은 죽 먹기입니다.

국민들의 의식은 분명 깊은 강 같은 흐름이 있습니다. 국민들은 천 년, 오백 년 혹은 백 년, 오십 년에 걸쳐 아주 조금씩 달라지고 있기도 합니다. 다만 그 밑바닥에서 그 변화의 원동력이 되어야 하는 사람들은 정치인이어야 한다고 보는 것입니다. 정치인들한테는 산도 움직일 수 있는 패기와 강물의 흐름도 막을 수 있는 대의가 있어야 합니다.

자기 코앞의 이익을 생각해야 하고 생활이라는 발등의 불부터 꺼야 하는 것이 중요한 그 많은 사람들 중에 자기는 나라와 국가를 위해 정치하겠다고 스스로 나선 자들이기 때문에 그들은 이런 요구를 받아야 합니다. 정치인들이 어디 국민과 국가를 위한 존재들이더냐 하고 체념해버리고 이런 기대조차 보통 사람들이 가질 수 없는 것이라면 국민들은 차라리 무정부 상태를 요구해야 할 것입니다. 그래서 정치 혼란의 모든 책임은 유권자가 아닌 정치인한테 있다고 단정짓고 싶은 것입니다.

의원들을 잘못 뽑고 선거 부정에 놀아나는 유권자들의 정치 수준이 문제라고 하지만 그나마 우리나라의 투표율이 참으로 기적같이 여겨지지 않을 수 없습니다. 진정으로 투표하는 사람들의 애국심은 눈물겹습니다. 투표하는 사람들은 정치인한테 개인적인 바램이 있을 수 없습니다.

자기한테 돌아오는 것이 조금이라도 없으면 쉽게 포기하고 절대로 애써 움직이지 않을 것 같은 사람의 심리이고 또 그런 현실인 속에서도 한 표를 던지면서 그 사람이 이 나라를 위해 헌신해주기를 바라는 그 마음이 얼마나 눈물겨운지 모릅니다. 정치인을 귀찮게도 하지 않을 뿐만이 아니라 심지어 존경심까지 보여주고 있습니다. 그런데도 정치인들은 저렇게 생겼습니다. 사실 우리나라가 이만큼 이나마 유지될 수 있는 것은 투표하는 그 간절하고 순수한 정신이 내는 기운 때문이 아닌가 싶습니다.

III. 정치인과 일

우리가 이해할 수 없는 것은, 당신들은 어떤 사람을 따르면서 그 따르는 행위로 인해
서 자신들도 우월한 입장이 되었다고 착각한다는 것이다. 그래서 패거리를 만들고,
그래서 다른 패거리에 속한 사람들을 비난하고 공격한다는 것이다.

—느린 거북 (인디언 추장)

정치가 평생 직업이어서는 안 되는 이유

사회·경제적인 변화로 인해 이직률이 늘고 '평생 직장'이라는 인식도 희박해지는 분위기 속에서도 여전히 선망 받는 몇몇 직종이 있습니다. 고소득 전문직이 되고자 하는 바람이나 경쟁도 한결같지만, 학자나 예술가처럼 지적이고 창조적인 직업에 대한 선호도 식지 않습니다. 그런 직업들은 예나 지금이나 사람들이 큰 갈등 없이 평생을 그 일에 종사하게 합니다. 인생을 권태 없이 보낼 수 있기로는 경제적 여유, 사회적 명예, 지적 욕구 충족, 감성의 발휘 등이면 거의 충분한 것 같습니다.

여기에 직업으로서의 조건은 갖추어져 있지 않더라도 직업처럼 평생을 하고 살기를 원하는 일이 있습니다. 정치입니다. 그것도 다른 직업인들과는 아주 다른 특별한 열정이 정치 일에 바쳐집니다. 정치도 사람이 하는 일이라 '나는 그 일을 선택했다'고 말할 수도 있습니다.

정치에 대한 정치인의 집착은 좀 유별납니다. 고소득 전문가든 학자·예술가든 자기 직업에 대해 강렬한 인상과 집착을 갖고 일하는 것은 아닙니다. 삶의 흐름 속에서 일과 동화되어 있습니다. 그러나 정치의 일은 당사자들에게 상당히 격렬한 느낌을 줍니다. 정치인들에게는 정치 현장과 자신의 존재를 날마다 숨쉬는 순간마다 연결짓지 않을 수 없는 특별한 환경이 있습니다.

임기 내내 임기를 의식하며 차기를 계획해야 하는 그들의 처지도 특별하지만, 정치인이라는 환경은 여느 직업이나 활동의 영역과는 너무도 다릅니다. 정치인이 되기 이전과 정치인이 되었을 때의 인식 변화는 결코 작지 않은데, 역동적인 삶을 산다는 희열이 바로 그것입니다.

사람이 주체적인 인간임을 표방할 때 사회와 역사의 핵에 있다는 인식은 다른 어디에서 얻지 못할 자부심을 안겨줄 것입니다. 지역과 국가 공동체 안의 모든 것들과 자신이 거미줄처럼 연결되어 있는 느낌, 아니 느낌만이 아닌 실제로 그러한 사실에서 가장 이상적인 인간이 될 수도 있을 것이라는 비전과 가장 이상적인 직업으로서의 정치를 보게 됩니다.

그러나 의원은 선출직이고 임기가 있기 때문에 직업이 될 수 없습니다. 의원은 그 임기 안에 자신의 정치인으로서의 책무를 마무리해야 하는 것입니다. 의원들이 임기 저편을 바라볼 필요도 없습니다. 초선이든 재선이든 의원들이 당선을 위해 모든 상황을 정치적으로 이용하는 것은 정치인으로서 당연하다는 상식 아닌 상식을 유권자들부터 버려야 합니다.

유권자들이 투표할 때도 그 임기 동안 열심히 하라는 보장이지 그 이상을 염두에 두지는 않습니다. 유권자들은 한 번의 임기를 마지막 기회라고 생각합니다. 장차 의원이 될 사람은 부지기수이기 때문에 그렇습니다. 누구 한 사람을 의원으로 평생 써먹고 싶은 유권자는 없습니다. 사회의 어떤 직급과 직위 이상으로 권한과 책임을 부여해주었으면서도 의원의 책무가 단기성이고 한시적이라는 데서 그 역기능을 차단시킬 수 있는 것입니다.

한편, 의원이 국민 또는 주민의 대표로서 임기가 있는 선출직이기 때문에 정년이 없이 죽을 때까지 할 수도 있습니다. 무엇보다 그들은 죽을 때까지 정치라는 일을 하고 싶어합니다. 다른 일을 선택하거나 다른 일이 주어질 가능성보다는 그래도 선거가 손쉬울 수도 있습니다. 공천을 받기가 어렵지 전국적으로 몇 선거구만 제외하고는 사실 선거하기는 쉽습니다. 그러나 공천 받는 법도 그 안에서 이미 노하우가 생겼을 것입니다. 낙천·낙선하기 전까지는 그들은 정치 현장을 떠나기란 불가능합니다.

정치를 계속해야 하는 그들 내면의 진정한 이유가 무엇인지는 모르겠습니다. 그것을 솔직하게 말하는 정치인은 드뭅니다. 보통 국가와 민족을 위해 자신의 역량을 계속 펼치고 싶다고 표현합니다. 그러나 자기를 도와준 사람을 계속 챙겨줘야 하기 때문에 또 해야되는 사람도 있습니다. 그리고 다른 할 일이 없어서 그 자리에 있어야 하는 사람들도 분명 있는 것 같습니다. 그런 사람들이야말로 정치를 더 이상 하지 못하게 되었을 때 자신이 얼마나 초라하고 무력한지를 너무도 잘 압니다. 그동안 자신을 유지시켜준 것이 다른 어떤 능력이 아닌 정치권력이라는 것을 알기 때문입니다.

일에는 관성도 붙지만 타성도 피할 수 없게 됩니다. 어느 순간까지는 관성의 힘으로 일을 잘 하게 되기도 합니다. 그러나 관성은 플러스 에너지이기 때문에 끊임없이 움직여주어야 생기게 되어 있습니다. 반면 타성은 마이너스 에너지라 움직이지 않는 속에서 만들어지는 속성입니다. 사람이란 나이와 성품과 환경에 따라 관성 에너지를 창출해내기보다는 소극적인 타성으로 젖어들게 하는 힘이 더 우세할 수 있습니다.

그렇게 삶의 방편이 되고 타성으로 할 수 있는 일이 정치여서는 안 됩니다. 모든 직업의 최고의 가치를 다 합한 것이 정치이기 때문입니다. 모든 이권 집단들의 입장과 이해관계를 파악할 수 있는 전문성과, 새로운 공동체적 선을 만들어낼 수 있는 창조성과, 몽상이 아닌 실제에서 표현할 수 있는 예술성과, 정의를 구별하고 그 앞에 설 수 있을 지성, 그리고 이상과 진실을 구현하기 위해 죽을 수도 있는 성스러움을 요구하는 것이 정치입니다. 우리가 사는 공동체가 그만큼 다양하고 복잡하기 때문에 정치는 그런 속성에서 더욱 첨예해질 수밖에 없습니다.

정치가 어떤 일보다 창조적이고 전문적이고 지적이고 예술적인 일로 갈수록 날카로워지는 것이라고 했을 때, 정치인들 역시 그런 정치 철학을 가지고 끝까지 곤두서야 할 것입니다. 그래서 정치인들에게는 다른 어떤 직업인들보다 타성을 이기는 긴장된 의식과 그 긴장을 유지시킬 수 있는 에너지가 요구됩니다. 그러나 그런 긴장을 유지하기에 쓰이는 내면의 에너지가 아무한테나 저절로 샘솟듯 솟아나는 것이 아니기 때문에 정치를 죽을 때까지 하려고 하는 정치인들을 경계하게 되는 것입니다.

하늘은 스스로 돕는 자를 돕는다?

    사람들에게는 기본적으로 일에 대한 성취 욕구가 있습니다. 성취의 욕구가 채워지면서 자신감을 갖게 되고 또 자신의 가치를 인정하게 되기도 합니다. 그러면서도 성취의 욕구는 경쟁심을 동반하기 때문에 많은 에너지를 필요로 합니다. 성취 욕구가 모든 사람에게 있는 잠재적인 욕망 가운데 하나이기는 하지만 또 모든 사람의 성취 욕구가 똑같은 강도로 표출되지 않는 것이 바로 타고난 에너지의 용량이나 쓰임이 다르기 때문입니다.

    성취 욕구가 강한 사람들은 사회적인 지위나 명예를 추구하는 사람들인데 흔히 정치인에게서 이런 성향을 가장 많이 찾아볼 수 있습니다. 잠재된 에너지와 성취에 대한 의욕을 가지고 정치라는 일을 하면서 정치인은 자신의 목표를 이루기 위해 모든 것을 기회로 삼습니다. 그래서 '하늘은 스스로 돕는 자를 돕는다'라는 격언이 정치인에게 가장 감명을 주는 말이 됩니다.

이 격언이 많은 정치인의 좌우명이 될 수 있는 것은 정치인은 다른 어떤 직업인이 자기의 일을 하는 것보다 더 절실한 느낌을 가지고 정치라는 일을 하기 때문입니다. 정치는 그들의 생존 이유이고 생존 수단이기 때문에 종교나 미신을 가지지 않고는 그 정신을 유지할 수가 없게 됩니다. 생존과 관계된 긴박한 경우에 자신의 의지나 이성만을 믿는 것은 도박이 될 수도 있는데 자신의 생존을 놓고 도박하는 사람은 없습니다.

정치인들에게는 자기 확신을 얻을 수 있는 강력한 외부의 힘이 필요합니다. 그들은 자신들이 현실적으로 가장 원하는 것인 국민의 지지도 그 힘의 작용 여하에 달려 있다고 믿습니다. 그것은 바로 신의 도움입니다. 그런데 신의 도움은 스스로 돕는 것이 전제되었을 때 얻을 수 있다는 것입니다. 자기의 바람에 대한 가장 확실한 응답은 '하늘은 스스로 돕는 자를 돕는다'입니다.

이 격언은 동시에 정치인의 바람과 행위의 결과를 정당화할 수 있는 수단이 되기도 합니다. 그렇지 않아도 결코 가만히 앉아 있지 못하는 사람들이 '스스로 도와라'라는 말씀을 들었으니 무슨 일이든 하지 않을 수가 없게 되는 것입니다. 자기 자신의 동기에 의해서 움직이는 것은 물론이고 다른 정치인들이 하는 일까지 다해야 마음이 놓입니다. 그리고 '진인사대천명盡人事待天名' 한다고 말합니다.

그러니 평범한 표현으로 '최선을 다한다'라는 의미의 이 '스스로 돕는' 행위의 끝이 보일 리가 없습니다. 그것은 공포스러운 상황이기도 합니다. 어디까지 하는, 어떤 일까지를 스스로 돕는 일이라고 할 수 있을까요? 스스로 돕는 목적이 권력의 획득이고 그것은 자신의 노력 여하에 달려 있다고 믿는 정치인한테 스스로 돕는 일이 과연 두 눈 뜨고 자의적으로 멈출 수 있기나 한 것이겠는지요. 정치는 자율적인 행위이기 때문에 선택은 철저히 자신한테 달려 있다는 인식이 정치인의 블랙 홀이 됩니다.

그들은 그것이 블랙 홀인지 자연스럽고 일상적인 활동인지 구분을 제대로 못합니다. 어디서나 볼 수 있는 것이지만 정치인은 자신의 개인적인 욕구, 가치관과 사회 정의, 명분을 혼동하거나 일체화시키기 때문에 지치지 않습니다. 그리고 자신의 행동에 강한 동기를 부여하고 의식을 정당화하는 데 있어 가장 뛰어난 사람들이기도 하여 뒤돌아보지도 않고 혼란을 느끼지도 않습니다.

그들은 이렇게 일과 활동, 그리고 욕망과 성취를 뒤섞어 시간의 원을 돕니다. 그들에게 있는 것은 시간이고 에너지입니다. 그들은 보이는 모든 것에 얼굴을 내밀고 부딪치는 모든 곳에 발길을 들이밉니다. 그렇기 때문에 그들은 가장 바쁜 인간인 것 같지만 사실은 하루 24시간 늘 스탠바이가 되어 있는 가장 한가한 사람이기도 합니다. 그들을 필요로 하는 사람들한테는 바빠서 막혀 있고 그들 자신이 필요한 사람에 대해서는 한없이 열려 있는 것, 그것이 정치인의 활동이고 정치인의 하루입니다.

돌아가는 원은 원의 중심에서부터 멀어지려 하는 원심력을 가지고 있습니다. 그와 마찬가지로 일과 활동, 욕망도 원심력이 생기기 마련입니다. 정치인한테 욕망과 활동이라는 원심력이 강해지면 강해질수록 원은 넓어지고 그러다 그것은 어느 순간에는 블랙 홀이 됩니다. 그 블랙 홀에는 그들이 추종하는 사람, 또 그들을 추종하는 사람들이 함께 있어 그들의 흥분상태가 지속되기도 합니다.

정치인들이 커다란 원을 만드는 것은 정치인 자신뿐만이 아니라 국민들도 바라는 바입니다. 정말 우주만한 원대한 원을 그들이 갖기를 간절히 바랍니다. 그러나 그 원이 블랙 홀이 아니고 현실이 되기 위해서는 원심력 만한 구심력이 있어야 합니다. 그 짱짱한 구심력이 완벽한 원의 원주를 형성해내는 것입니다.

원의 중심을 향해 있는 구심력은 바로 정치인의 내면의 눈입니다. 활동이라는 원심력이 커지면 커질수록 처음으로 돌아가려는 구심력을 낼 수 있는 성찰의 힘도 함께 깊어져야 합니다. 이 구심력은 정치인들이 너무도 흔히 말하는 초발심하고는 조금 다릅니다. 그들 의식 속의 초발심은 처음의 열정과 순수함을 말하는 것으로 초발심만을 가지고 일을 하다가는 외곬수가 되고 완고한 사람이 되기 싶습니다. 사실 이런 초발심으로 답답하고 꽉 막힌 정치인을 보는 것이 소망이긴 합니다. 그나마 초발심을 들먹이는 사람들은 그것을 가정법 과거완료의 시제로 쓰고 있으니까요.

구심력은 경륜이라는 원과 함께 커지는 잠재적인 힘이라고 할 수 있습니다. 그것은 더욱 복잡해지고 넓어지는 관계에서 얻게 되는 지혜이면서도 중심을 꿰뚫는 통찰과도 같은 것입니다. 그들이 자기들의 활동의 동기를 살펴볼 수 있는 내면의 눈을 갖지 않는 한 그들은 그 블랙 홀 속에서 영원히 헤어나지 못할 것입니다.

과연 어떻게 스스로 돕는 자를 하늘이 돕는지를 그 내면의 눈으로 발견하고, 원의 한 중심에서 스스로 돕는 자로 굳건히 버티고 있지 않고서는 정치판이라는 블랙 홀 속에서 영원한 방랑자로 떠돌고만 있게 될 것입니다. 그가 지금 앉아 있는 자리, 누리고 있는 명예가 무엇이든 간에.

남에게 폐를 끼치는 직업, 정치

국회의원은 합법적으로 후원금을 모집하여 활동할 수 있는 유일한 선출직입니다. 지방자치단체장과 지방의원도 선출직이지만 국회의원은 후원금을 모집할 수 있는 법적 자격을 국회의원 자신한테만 국한시켰습니다(후원금 모집을 할 수 있는 또 다른 사람인 국회의원 입후보자는 논외로 하겠습니다).

국회의원의 후원회 구성은 자연스럽고 당연한 일로 인식되어온 가운데, 무보수였던 지방의원들이 자신들도 후원회를 조직할 수 있도록 하는 요구와 함께 후원회 비슷한 행사들을 시위적으로 갖기도 하였습니다. 그러나 국회의원이 지방의원의 후원회 조직을 금지하는 의도가 무엇이었건간에 지방의원에게도 후원회 활동이 허용되었을 때 결국 지방의원들 사이의 제 살 깎아먹기나 지역사회에 커다란 민폐가 될 것이라는 것은 쉽게 예견할 수 있는 일이었습니다.

아무튼 국회의원은 자신들의 정치활동을 위해 국민의 후원금을 받을 수 있는 대표적인 집단입니다. 사회단체나 법인이 아닌 개인의 활동에 후원금을 인정하는 것은 국회의원 한 사람 한 사람이 하나의 독립된 헌법기관이며, 또 그 일이 공익적이라는 것을 증명하는 것이고, 국민에게는 후원을 통한 정치참여의 의미를 깊이 살리는 것이 되겠습니다. 국회의원에 대한 후원은 후원금을 받을 수 있는 국회의원이나 또 후원을 하는 국민들 모두에게 상당히 자랑스러운 일임에 분명합니다.

그러나 아무리 법적인 권리이고 모든 사람들이 후원금 모집의 필요를 인정한다 해도 사람이라면 후원을 부탁하고 후원금을 받는 것에 고민이 없을 리 없습니다. 그것은 마치 자기 자신이 아쉬운 처지에 있는 것 같은 인간적인 회의이기도 할 것입니다. '돈이 있는 사람은 돈을 내고 머리가 있는 사람은 머리를 내라' 하는 교시가 통하는 사회도 아니고 더구나 남을 위해서 일한다고 나온 사람들이라면 기본 재력이 좀 있어야 되지 않겠느냐는 사회의 시선이 의식되기도 할 것입니다. 금전적인 형편에 따라 한 인간의 인격과 능력이 좌우되는 자본주의 사회 분위기에서 돈 없이 마냥 당당할 수만은 없는 심리입니다. 그때야말로 정치가 경제의 하위 가치가 되는 것

같은 때이기도 합니다.

　그런 상황과 경험은 한편 자신을 단련할 수 있는 계기가 되기도 할 것입니다. 자신의 일로든 남의 일로든 조금이라도 비굴한 것 같은 처지가 되어보는 것은 인간을 이해할 수 있는 커다란 자산이라고 하지 않을 수 없습니다. 경제적으로 풍족하여 누구 앞에서도 궁색한 모습을 보이지 않고 살 수 있는 것은 누구나 바라는 바입니다. 인격과 자존심을 지키며 살고 싶지 않은 사람은 세상에 없습니다.

　그러나 돈 앞에서 한 번도 아쉬워본 적이 없는 사람이 없을 거라고 볼 때 다른 사람을 위해 일한다는 정치인들이 돈 가진 사람 앞에서 어려움을 겪어보는 것은 돈 주고도 살 수 없는 귀중한 인생 경험일 수 있습니다. 자기 자신을 위해서라면 남한테 부탁할 것 없이 살수 있었을 사람들이 더 큰 사회적 목적을 위해 손벌려보는 것도 그 사람을 큰그릇으로 만드는 필요한 과정일 것입니다. 겸손과 인내를 배우게 되는 것이지요. 스님들의 탁발 수련과 같은 것으로서 말입니다.

　한편, 후원 행사를 정기적으로 개최하고 후원금이라는 명목으로 많고 적은 금전들을 다반사로 받게 되면서 국회의원들은 남의 돈을 받아쓰는 것을 당연한 생활처럼 여기는 의식의 습성이 붙기도 합니다. 자신이 무슨 일을 하건 간에 국민들이 자신한테 기부하는 것을 당연하게 생각하게 되는 것입니다. 그들은 후원에 의해 활동하면서도 더 많은 후원을 바라고 남의 수중의 돈을 자기 돈처럼 아쉬워하게 됩니다. 그들은 후원회 외에도 돈을 모집할 수 있는 온갖 방법을 다 써먹는데 출판기념회도 그 중 하나입니다.

그러면서 그들은 후원 조직에 의해 정치활동을 영위하는 구미 정치인들의 처지를 부러워합니다. 구미의 정치 후원조직은 정치 발전을 위한 순수한 후원의 성격보다 이권집단의 성격이 강한 것으로 그 나라들이 기업가들의 이익을 보장하는 정책으로 치닫는 것도 그런 후원조직을 뒤에 두고 있는 정치인들의 영향입니다. 그럼에도 축제처럼 보이는 후원 행사가 국민들의 적극적이고 활발한 정치참여를 말해주고 있다고 호도하고 있는 것입니다.

국회의원은 후원금으로 받은 돈을 의정활동을 더 잘 하기 위해 쓰는 것이 아니라 자신의 정치적 입지 확보를 위해 씁니다. 국회의원은 끝없이 돈을 바라며 인간한테 작용하는 돈의 위력을 가장 강력하게 체감하고 사는 존재들입니다. 정치인한테 가장 중요한 인간관계와 조직을 이룰 수 있는 힘이 돈이라고 믿기 때문입니다.

돈은 그런 일을 위해 필요하면서도 국회의원들은 자신들의 의정활동을 위해 돈이 필요하다고 믿습니다. 이들은 자신들을 공적 인물로 인식하고 사는 것이 뼛속까지 사무쳐서 어떤 일에도 공공성을 부여합니다. 그들의 활동을 잘 살펴보면 자기 자신을 위해 싸돌아다니면서도 바로 국가와 사회를 위하여 일하는 것처럼 스스로 세뇌

되어 있기도 한 사람들이라는 것을 알 수 있게 됩니다.

정치인이 뇌물을 받고 크게 문제되는 것이 간간이 보도되면 저런 사소한 돈에 명예를 팔다니 하며 보통 사람들은 그들을 어리석다고 생각합니다. 그러나 뇌물이 아니라 자기의 존재 가치에 합당한 선물이나 등록하지 않는 후원금 정도로 생각하니까 그런 돈을 쉽게 받는 것입니다. 자신이 국회의원이라는 공인으로 국가나 사회를 위해 일하는 것을 생각하면 돈 있는 사람들이 자기한테 얼마씩 돈을 주는 것 역시 사회적 책임을 다하는 일이라고 생각합니다.

어디에나 누구한테나 보상은 있게 마련인데 정치인은 그 보상을 거절할 필요를 느끼지 않는 것입니다. 그리고 돈을 가진 사람과 돈이 필요한 사람인 경제인과 정치인 사이에 돈이 오가지 않는 것은 기적입니다. 자신한테 도움이 되는 사람한테 가진 돈을 쓰지 않는 것이나, 자신이 도움을 줘놓고도 보상을 받지 않는 것은 모두 바보 같은 짓이라고 여기는 사회 속에서 말입니다.

후원금의 합법적인 용도인 의정활동을 위한 돈, 즉 정책 개발을 하는 데 드는 비용이라든가 정책자료집 발간을 위한 경비들은 한계가 있기 마련입니다. 아무리 많은 일을 한다고 해도 지출의 선을 긋지 못할 바는 없습니다. 그래서 후원금을 모집하는 것에도 예상 지출에 따른 후원금을 예산해볼 수 있습니다. 그렇게 함으로써 시기와 횟수를 조정할 수 있을 것입니다. 국회의원들이 후원회와 출판

기념회를 다반사로 개최하고 모든 돈을 후원금으로 당당하게 받는 습성을 버리지 않는 한 그들은 이 세상에 끝없이 민폐를 끼치는 존재밖에 되지 못할 것입니다.

토론에는 왕도가 없다

사람들은 회의를 잘 합니다. 민주화가 진행된 지난 20여 년 동안 얼마나 많은 회의가 있었는지 그 과정에서 '회의주의자'라는 냉소적인 표현이 나타났다가 요즈음은 회의를 간소화하거나 의사 결정 방법이나 절차를 파격적으로 전환하는 사례들도 나타납니다. 그럼에도 거의 모든 조직과 단체는 회의를 운영의 필수 요소로 삼을 뿐만 아니라 가족구성원들 사이에서도 중요한 가정사를 결정·전달하고자 할 때 회의를 하게 됩니다.

보통 단체나 위원회에서 하는 회의는 주로 승인과 합의의 과정이라고 볼 수 있을 것입니다. 제출된 안건에 대해 승인 여부를 결정하거나 또 한가지, 문제에 대한 바람직한 안을 도출해내는 것입니다.

제안을 하는 사람들과 그 제안을 심의하는 사람들의 집단이 다를 수도 있고 같을 수도 있습니다. 심의하는 사람들은 여러 정보와 자료를 가지고 그 제안의 타당성과 문제점을 밝혀냅니다. 그리고 그 제안을 받아들일 것인지 아니면 거부할 것인지, 혹은 새로운 안으로 수정할 것인지를 결정합니다.

회의의 구성원들끼리 의견이 같아 만장일치로 의결이 되는 경우도 적지 않지만 심각한 토론을 오랜 시간 벌여야 하는 경우도 많습니다. 이 두 과정은 물론 불승인이나 결렬과 같은 결론을 낼 수 있습니다. 그 과정에서 필수적으로 따르는 것이 토론입니다.

토론을 하는 기본 요소가 있습니다. 토론자의 전문성이나 철학, 관점과 함께 토론자들이 처한 이해관계들입니다. 인간관계도 당연히 중요한 요인이 됩니다. 그리고 토론을 잘 하기 위해서는 여러 자질이 필요합니다. 토론해야 하는 안건에 대한 정확한 정보를 얻는 노력이 필요하고, 안건의 성격에 대한 직관과 결과에 대한 통찰도 있어야 합니다. 또한 토론에 참여하고 끝까지 이끌어갈 수 있는 논리력과 설득력과 지구력도 필요합니다.

토론이라는 것은 자신의 의견을 말하는 것이지만 다른 사람들의 의견도 들어야 하는 것입니다. 합의점을 찾아야 하기 때문에 특히 잘 들어야 하고 자기의 생각을 잘 정리하고 발전시켜야 합니다. 그렇게 의견을 주고받고 조율하다 보면 안건이 하나의 유기체가 되어 움직이고 아주 새로운 형태로 변화되기도 합니다.

어떤 때는 도무지 자신의 애초의 의견을 고수할 수 없게 될 때가 있습니다. 안건을 치밀하게 사전 검토하거나 여러 이해집단간의 입장을 청취하지 않고, 거기다가 전문가들의 의견도 간과한 채로 회의에 들어가게 되면 그렇게 준비하고 회의에 임하는 토론자의 의견에 밀리는 것은 당연합니다.

그리고 조금이라도 더 논리적이거나 현장에 대한 이해가 약간이라도 가미된 의견에 자신의 생각이 경도되게 마련입니다. 이것저것 다 떠나 양식이 있는 사람이라면 훨씬 바람직한 의견에 '아, 그러냐? 몰랐다' 혹은 '내 대안이 없을 때는 다른 사람의 의견에 즉각 따른다' 정도의 열린 마음을 가지고 있어야 됩니다. 그것이 바람직한 회의 태도일 것입니다.

그러나 토론에는 왕도가 없다는 것을 거의 모든 토론을 볼 때마다 깨닫게 됩니다. 상당히 오랜 세월 헤아릴 수 없이 많은 횟수 회의에 참여하고, 또 회의하는 것이 직업이 되다시피 한 정치인들조차도 회의 능력이 향상되는 것 같지는 않습니다. 그것은 그들의 성격이나 가치관 등이 크게 변한 것이 없다는 말이기도 합니다. 거기에 회의를 성공적으로 해보겠다는 특별한 노력이 없이도 매번 결론이 도출되어지는 것에 습관이 붙어서이기도 할 것입니다.

정치인들은 자기가 원하는 대로만 결정되면 최상이라고 생각합니다. 자기의 생각을 고수하고 그 이상이나 그 이하로 움직이지 않습니다. 토론에서 승부욕을 발휘하는 것은 다반사이고 의결 결과를 가지고 자신의 정치력으로 과장하는 경우도 많습니다. 안건 속에 자신의 이해 득실이 조금이라도 연결되었을 때 그들은 정말 요지부동의 자세를 취합니다.

성격이 되었건 이해관계가 있어서건 똑같은 말로 주장하는 사람들을 당해낼 장사는 없습니다. 보통 상식적인 토론자들은 여러 가지 근거로 상대방을 설득시키고 싶기 때문에 토론이 교차될 때 똑같은 말만 하는 사람 앞에 결국은 말이 끊어질 수밖에 없습니다. 다른 사람들은 이런저런 논리를 전개하는데 똑같은 말만 반복하는 사람은 이미 토론이 아니고 우기고 떼쓰는 꼴입니다만 자신은 그것을 모릅니다.

이렇게 우기고 떼쓰는 사람들 가운데는 자신의 목적을 달성하기 위해 목숨을 내건 듯이 필사적인 언행을 하는 사람도 있습니다. 다른 사람이 가공할 단서를 붙이는가 하면, 누구도 납득하지 못할 결론을 설정해놓고 의사결정을 강요합니다. 그리고 자기 뜻대로 안된다면 도덕이 말살되거나 단체가 깨지게 되는 것 같은 긴박한 제스처를 사용합니다. 말 그대로 '막고 품기' 식인데 다른 사람들을 어이없이 만든 사이 얻을 것을 딱 얻어가지는 사람입니다.

또 토론 자체를 무산시키려는 사람도 있습니다. 좋은 것이 좋은 것인데 무슨 토론이 필요하냐는 것입니다. 제안자의 의견을 전적으로 받아주자는 태도입니다. 다른 토론자의 어떤 논리도 다 자신의 인간미와 여유에 비할 바가 못 됩니다. 아무리 사전에 공부를 많이 해오면 뭐 하냐, 인간성이 최고라는 것입니다. 그런 것이 '솥뚜껑으로 자라 잡는' 식의 토론입니다. 참 너그럽고 이해심이 많은 것 같지만 자신의 입장에서 한 발도 물러나지 않는 태도이기는 마찬가지입니다. 그런 사람들일수록 제안자들과의 인간관계가 이해관계로 강하게 얽힌 사람들입니다.

그러다 결국 표결로 들어가는데 거기에서 바로 '그때의 분위기'라는 것이 영향력을 발휘하게 됩니다. 한 쪽 토론자가 자신과 가까운 사이가 아니라던가, 회의가 지루했다던가, 또 다른 쪽 토론자가 처한 이해관계가 나와 무관하기 때문에 거들어주고 좋은 소리를 들을 수 있을 것 같다던가, 남은 안건들이 적지 않다던가, 식사시간이 지났다던가 등에 의해서 상당히 열띤 토론이 후닥닥 덮어지는 때가 부지기수입니다. 그리고 토론에 직접 참여하지 않은 다른 구성원들은 토론에서 오가는 내용들을 잘 청취하여 판단을 하면 좋으련만 '이 안은 찬성이다 혹은 반대다' 라는 처음의 입장만을 그대로 고수하며 가만히 앉아 있다가 표결에 참여합니다.

'너무도 중요한 안건이 너무도 사소하게 결정된다' 라는 안타까움이 터지지 않을 수 없습니다. 더욱 놀라운 것은 그래도 세상은 잘 돌아간다는 것입니다. 그 정책의 혜택을 받았어야 되는 사람들이 속출하여 마구 떠들어대거나, 혹은 그 정책이 몰고 올 폐해들이 크게 파생되는 기미가 없이 시간 속에 잊혀지고 덮어집니다. 세월이 흘러 안에서 곪아가던 그 문제가 다시 떠오르면 아주 새로운 안건이 되어 또 새로운 회의 구성원들 사이에서 새로운 분위기의 토론이 전개되고 또 다른 결론이 내려지면 그만입니다.

모든 사람에게는 휴가가 필요하다

〈바베트의 만찬〉이라는 영화에 다음과 같은 말이 나옵니다. "예술가의 마음속 울림이 온 세상을 울린다. 내가 최선을 다할 수 있도록 나에게 휴가를 다오."

예술가뿐만이 아니라 모든 사람한테는 휴가가 필요합니다. 정치인도 예외가 될 수 없습니다. 그런데 정치인은 자신이 휴가를 떠나면 그 자리를 다른 사람이 차지하게 되거나, 자신이 불필요한 존재였다는 것이 드러나거나 혹은 영원히 잊혀질 거라는 두려움을 가지고 있습니다. 자신이 노는 것은 왠지 시간 낭비에 불과한 거 같지만 남들이 조금 일하는 것은 그들에게 아주 큰 이익이 돌아갈 것처럼 보입니다. 노는 사람이 일하는 사람을 당해낼 수 없다는 믿음이 생깁니다.

그래서 정치인은 할 수만 있으면 24시간을 눈을 뜨고 있고 싶고, 사람들과 함께 있고 싶어 사람들이 불러내면 밤낮을 가리지 않고 그 자리로 뛰쳐나갑니다. 그렇게 하는 것이 자기가 일을 잘 하는 증거가 되고, 사람들로부터 부지런하고 성실하고 준비가 된 사람이라는 평을 듣게 되는 계기가 될 것이라고 생각합니다. 잠은 자야 하기 때문에 잘 수밖에 없지만 잠든 사이에 무슨 일이 일어났는가를 알기 위해 온갖 신문을 꼼꼼히 읽습니다. 그리고 새벽부터 사람들과 차를 마시거나 담배를 피우면서 자기의 존재를 알리고 그들 속에 들어 있는 정보를 공유해야 합니다. 이렇게 끊임없이 움직이면서 그들은 더 많은 사람들을 만나며 더 큰 집단에 들어가기를 원합니다.

이런 것을 사회성이라고 말하기도 합니다. 사회성은 처음에는 타인에 대한 관심에서 출발하여 단체와 지역사회, 그리고 국가와 세계를 향하게 하는 것으로 사회성 그 자체가 부정적인 것은 결코 아닙니다. 사회성이 있지 않고서는 공동체의 이익이나 대의의 중요성을 깨달을 수 없기 때문입니다.

인간의 성장과정에서 형성되는 사회성의 일단이 정치인에게는 이렇게 자신의 활동 에너지를 파 쓰는 방향으로 나타나는데, 정치인에게 사회성 못지않게 중요한 것은 소속감입니다. 동료나 조직원 사이의 우정과 친목으로 형성되어 안정과 행복을 느끼게 하고 삶의 큰 활력소 역할을 하는 소속감도 정치인에게는 아주 특별하게 작용합니다.

그 소속의 욕구는 정치 현장에서는 지배의 욕구와 맞물려 있으며 소속되어 있지 않을 때, 그리고 지배하지 못할 때 그들은 조급함과 두려움을 갖게 됩니다. 그래서 더욱 강하게 밀착하려 하고 강하게 통제하려고 합니다. 이것이 권력을 가지고 싶어하는 사람과 권력을 가진 사람의 의식의 결합입니다.

보통 정치 조직이 그 많은 사람들을 데리고 더 발전하지 못하거나 또 참모라고 하는 사람들이 시정잡배의 수준을 크게 벗어나지 못하고 있는 것이 바로 보스들의 강한 지배 욕구와 그 지배 욕구를 권력이라고 생각하는 조직원들의 의식 때문입니다. 지배 욕구가 강한 사람들의 정신은 결코 주체적인 정신의 사람을 받아들이지 못합니다.

정당이 자꾸 분열되는 것도 알곡과 쭉정이를 가려내는 정치혁신 과정 같지만 조직 내의 소속과 지배의 영향력을 재조직하는 산물에 불과합니다. 국제적으로 보기 드물게 우리나라 주류 정당들이 환골탈태라도 한 것처럼 자주 개명하고 신당의 깃발을 내건 것과 정치 발전과는 아무 상관이 없었던 최근까지의 정치 역사를 보아도 알 수 있습니다.

정당이 조직을 유지해가고 조직원에게 영향력을 미치는 강도는 조직 폭력배의 그것과 큰 차이가 없습니다. 어느 조직이고 조직을 유지함에 있어 인간의 자율적인 의사보다 조직의 논리를 우선시키게 되는데 그것은 그 자체로 폭력이기 때문에 정치 조직을 조직 폭력과 비교하는 것은 지나친 것은 아닙니다. 조직 폭력이란 말은 우리 사회에서 특별한 집단의 특별한 행위를 일컫는 고유명사처럼 강한 이미지를 내고 있지만, 어느 집단이나 조직 안에서 인간 개인의 차이와 권리가 집단의 논리와 이익에 의해 무마되고 덮여지는 것이라면 그 자체가 조직 폭력의 일반적인 현상인 것입니다.

그런데 그 안에 있는 사람들은 그 폭력성을 인식을 못하거나 혹은 당연한 것으로 생각합니다. 정치 조직 안에서 안정을 찾고 만족하게 되는 정도가 크면 클수록 그들의 의식은 개인적인 것이 아니라 집단적인 것으로 동화되어 함께 움직이게 되기 때문입니다. 그리고 적응과 동화의 능력에 자부심을 느끼기도 합니다.

아무리 푸른 이상과 불굴의 열정을 가지고 시작했다고 하더라도 정치 조직이라는 집단의식 속에서 스스로의 정신을 지키기란 보통 사람에게는 불가능한 일이기도 합니다. 집단의식에 동화된다는 것은 충성을 다하지 않을 수 없게 하는 명분을 받아들인다는 것이고 조직은 그에 상응하는 만큼 보호해주는 관계를 의미합니다. 정치인에게 필요한 것은 명분과 이득이라는 공식이 그렇게 맞아 떨어집니다.

그러나 아무리 정치권력에 의지하여 존재의 의미를 찾는다고 해도 본연의 의식에서 완전히 벗어날 수는 없습니다. 우리는 비인간적인 정치구조와 정당의 폭력적인 생리에 대해 회의하는 정치인의 진솔한 모습을 가끔은 만나볼 수 있습니다. 그 정치인의 인간적인 면모에 사람하나 찾은 듯한 반가움이 일지만 그것은 순간에 불과하고, 그들의 비판과 회의는 시간이 지남에 따라 정치적 화술이 되고 맙니다. 그들은 그런식으로 그나마 안목과 의식을 잃지 않은 것이라는 자족과 함께 그 조직 안의 특권도 누리는 것입니다.

조직 속에서 무디어지고 변색되고 퇴행해가는 자신의 진정한 내면을 아쉬워하며 자신의 인생에 대해 책임을 갖는다면 조직에서 떨어져 있어 보아야 합니다. 일과 활동은 호흡과도 같고 조직은 산소와도 같이 느껴져 그런 것에서 떠나면 숨이 끊어지고 존재가 사라질 것 같은 공포심이 의식을 가리는 것은 모든 정력적인 사람이 갖는 심리이기도 합니다.

휴가의 미덕은 휴가를 가져본 사람만이 압니다. 그리고 어떤 경우에 진정 필요한 것은 휴가가 아닌 완전한 떠남이라는 것을 깨닫게 되는 놀라운 행운도 얻을 수 있습니다. 자신을 위해서든 자신이 그토록 사랑하는 공동체를 위해서든 최선을 다할 수 있는 시간을 얻기 위해서는 말입니다.

IV. 정치인과 인간

소명은 지위가 올라가는 것이 아니라, 그저 마음속의 예고와 격려이다.

—헤르만 헤세

정치인이 사람이 된다는 것

사람들은 누군가를 만나면 거의 다른 사람들 이야기로 시간을 보냅니다. 남의 이야기를 하는 것은 마찬가지인데 그 중에는 자신의 그런 행위를 잡담이나 욕이 아니라 정보를 교환하는 행위라고 여기는 사람들이 있습니다. 이들은 주로 정치활동을 하거나 시민사회단체 활동을 하면서 정치나 지역사회의 일에 민감하게 반응하며 또 잘 나서는 사람들이기도 합니다.

그런 사람들 사이에서 오가는 남의 이야기의 주인공은 서로 알 만한 유명한 정치인입니다. 토론회장에서 만났거나 정치모임에서 자리를 함께 하게 되었을 때 그 정치인으로부터 받은 인상과, 또 누구한테 전해들은 이야기들이 화제가 되는 것입니다.

세상에 알려진 그들의 말과 행동을 잠깐 주시하다보면 그 사람이 어떤 사람인가 그 순간에는 알 것 같다는 생각이 들게 되기 마련입니다. '인격적이더라', '합리적인 분 같더라', '여성스럽고 따뜻하더라', '참 선한 느낌을 주더라', '재치 있고 활달하더라', '의외로 수더분하더라' 등등 이런 이야기들입니다.

사람들이 정보처럼 주고받는 정치인 이야기는 이렇듯 그들에 대한 온갖 관점의 느낌과 평가들입니다. 그리고 그 인상이 바뀔 만한 다른 기회를 얻기까지는 자기 생각 속의 그 사람으로 규정해놓고 있습니다. 세상에는 그런 식의 사람 평이 사람 숫자보다 더 많이 떠돌아다닙니다.

그와 동시에 어쩌면 더 많이 오가는 이야기가 있습니다. 누구나 그런 태도에 대해서만큼은 아주 민감하게 느끼기 때문인 것 같습니다. '권위적이다', '차갑다', '바쁘고 정신 없다', '건성이고 무관심하다', '약삭빠르고 권력지향적이다' 등등의 평들입니다. 사람들은 한 번에 이런 느낌들을 얻어냅니다. 평하는 사람들 역시 자기의 생각을 중요시하고 드러내기를 좋아하는 성향인지라 사람 말하는 것에 외수가 없기도 합니다.

남을 단정하고 평하는 것이 바람직하냐 아니냐를 떠나 사람에 대한 비판적인 표현들은 사람들한테 바라는 어떤 마음을 대신하는 것이라는 것을 알 수 있습니다. 그러지 말기를 바라는 마음입니다. 그 반대의 마음과 태도를 간절히 원하는 것입니다. 겸손하고 너그럽고 인자하고 순수하고 섬세하고 따뜻하고 차분한 마음과 태도 말입니다. 그리고 상대방에 대한 집중입니다. 거의 모든 사람들은 이런 마음, 이런 태도를 원합니다. 사람들의 성격이나 의식과 행동들이 다 다름에도 불구하고 다른 사람들로부터 자신이 받고 싶고 얻고 싶은 마음이나 태도가 일치하는 것이 놀랍기도 합니다.

그러니까 다른 사람들의 태도에 대해 비판적인 말을 하는 사람들도 또 다른 사람으로부터는 비슷한 평을 받는 사람들이 적지 않다는 것입니다. 자신들이 히뜩번뜩하게 사람을 대하는 것은 깨닫지 못하고 다른 사람이 정신 없는 태도로 자신을 대하는 것은 뼛속까지 사무치게 된다는 말입니다. 사람들은 나름대로 다 마음의 청맹과니들이기도 한 것을 이런 모습에서 알아볼 수 있습니다. 자신의 태도와 성품이 어떻든 간에 다른 사람을 보면서 인간들이 가져야 할 기본 태도들을 깨닫는데 그것을 다른 사람들한테 간절하게 원하게 되는 것입니다.

한편, 어떤 한 정치인에게서 느껴지는 부정적인 인상은 어쩌면 그 사람의 애초의 모습이기보다는 그 위치에 있게 되면서 달라진 모습일 거라고 사람들은 생각합니다. 사람이 활동하게 되면서 태도가 달라졌다고 느끼거나 흔히 정치인들한테 배어 있는 전형적인 태도들을 그 사람에게서도 알아봅니다.

사람들의 평가에서 발견할 수 있는 한 가지 진실성은, 사람이 정치적·사회적으로 얼마나 중요한 위치에 있고 현재 얼마나 심각한 역할을 수행하고 있느냐 하는 것이 아니라 그 사람이 어떤 심성이나 태도로 순간을 보내느냐 하는 것이 중요하다는 것입니다. 어떤 평범한 사람과의 만남, 주목받지 못하는 어떤 모임의 한 순간에 그의 중심이 어디에 있더냐 하는 것을 사람들은 꿰뚫어봅니다.

사람들은 그것을 그 사람의 진면목이라 생각하며 인간에 대한 기대를 공인인 그들에게서 찾으려고 합니다. 사람들에게는 그렇게 유명한 사람들에게서 변하지 않는 어떤 태도, 진실로 아름다운 어떤 인간성을 보고 싶어하는 욕구가 강력하게 자리잡고 있습니다. 그러나 정치인에게서 그런 진실하고 고상한 모습을 기대하는 것은 우물가에서 숭늉 찾는 것과 같습니다.

인간은 바쁘면 바쁠수록 정신이 없어지게 되어 있습니다. 정신이 없다는 것은 정신이 아주 소란스러운 상태를 말하기도 합니다. 그럼으로써 그 자신 이외의 것, 즉 자연과 사물과 사람들에 대한 의식과 느낌을 가질 수가 없게 됩니다. 정신이 없는 사람은 자기 주변의 사람들과 환경을 느낄 수 있는 감수성이 고갈된 사람인 것입니다.

그리고 밖으로 에너지를 내쓰면 내쓸수록 안에서는 마르고 황폐해질 수밖에 없습니다. 특히 정치활동이라는 것은 크고 작든 간에 자기의 명예와 책임감으로 하는 것이라, 일 자체가 본질적으로 되어가는 흐름에 맡기게 되기보다는 자신의 의지와 계획이 앞서게 됩니다. 그리고 일의 성공을 두고 협력하여 선을 이룬 것에 대한 감사함으로 잠잠하게 있게 되기보다 자신의 업적으로 인해 들뜨게 됩니다. 이렇게 자신의 눈이 자꾸 밖으로 향하게 됨으로써 내면을 밝히는 힘이 고갈되는 것은 자연의 이치이기도 합니다.

공동체 속의 인간임을 자각하게 될 때 사람들은 어느 시점에서 사회의 변화를 위해 자신을 헌신하고자 하는 선택을 하지 않을 수 없게 됩니다. 그 중 하나가 정치입니다. 한 인간이 정치에 입문하게 되는 동기는 다양할 것인데, 자기 희생의 결단의 과정이 있음을 부인하지 못할 것입니다.

정치라는 것은 다른 어떤 것보다 사람의 정신과 영혼을 뒤집어놓는 여러 요인들이 곳곳에 잠복해 있습니다. 그것을 유혹이라 보고 자신의 중심을 잃지 않는 자기 연단이 없으면 '정신 없는 사람'이 되는 것은 시간 문제입니다. 인간의 삶의 터 자체가 도량인데 정치하는 사람한테 정치판만큼 위대한 도량은 없을 것입니다.

정치인한테 친구가 있는가

누군가를 좋아하는 것은 그 사람의 성격과 태도, 심성들을 이해하고 본받을 만한 것으로 여기는 감정입니다. 그리고 자기가 좋아하는 그 사람이 한결같기를 바라는 마음으로 지켜보게 되는데 그런 사람들이 친구인 것 같습니다. 성격이 다르고 처지가 다를지라도 친구라고 말하는 사람간의 유대는 참 특별합니다.

친구는 다른 누구보다 민감합니다. 어떤 사람이 인생의 심각한 전기를 맞게 된다면 옆에서 지켜보는 친구도 함께 긴장하고 걱정을 하지 않을 수 없게 됩니다. 그때 친구는 이 사람이 그 상황을 잘 극복해주기를 기도하지만 무엇보다 그가 그 과정에서 영혼이 상처를 입거나 정신이 황폐해지지 않기를 바랍니다.

아무리 상황이 물리적으로 어렵고 정신적으로 고된 결단을 해야 하는 시점이라고 해도 그 모든 것이 그 사람의 정신을 더욱 단련하고 내면을 더 심화시키는 계기가 되기를 친구는 원하게 됩니다. 자신이 믿고 사랑했던 그 사람의 영혼이 강퍅해지지 않고, 또 무디어지지 않고, 처음 느낀 그대로 보드랍고 반짝이기를 바랍니다. 그것은 친구를 잃고 싶지 않은 인간적인 간절함이기도 합니다.

인생의 전기란 예기치 못한 상황에서 수동적으로 맞을 수도 있고 자신의 의지로 선택할 수도 있습니다. 밖에서 보면 그 '전기'라는 것이 본인이 원했던 것이냐 원하지 않았던 것이냐 하는 차이가 있는 것 같지만, 그 시간을 어떻게 넘기느냐에 따라 '자기의 길'에 대한 섭리를 바로 발견할 수 있는 것이 인간의 영혼이기도 합니다. 그런 뜻밖의 경험을 하게 되면 사람은 당연히 생각과 의식이 변하게 됩니다. 그런 변화를 자각할 수 있는 사람이 있고 자각하지 못하는 사람이 있습니다.

여러 경험과 사고의 훈련을 통해 의식과 관점이 변하는 것은 당연합니다. 그것은 인간이 성장하는 자연스러운 과정이기도 합니다. 그러나 사람들은 자신의 의식과 관점이 변화되는 것은 쉽게 깨달으면서 자신의 내면의 변화는 쉽게 깨닫지 못합니다. 이를테면 자신의 지적인 능력이 상승되고 이해가 넓어지는 것은 쉽게 지각하면서도 자신의 내면 의식이 둔화되는 것은 아주 영영 깨닫지 못한다는 것입니다.

그러나 묘하게도 친구들만큼은 그것을 눈치채게 됩니다. 사람의 내면은 그 사람의 말과 모습에서 쉽게 드러나기 때문일 것입니다. 그리고 친구이기 때문에 그의 변화를 바로 느낄 수 있는 것입니다. 마음 착한 친구는 다만 말을 하지 못할 뿐입니다. 이미 그 사람이 스스로 깨닫지 못하고 있다는 것을 느끼게 되면 그 사람에 대한 자신의 진실한 마음을 이야기할 수 없게 됩니다. 결별을 하거나 싸우려고 작정하지 않을 바에는.

사람 중에 정치인은 내면의 의식이 무디어지면서 겉으로 자신을 위장하게 되는 대표적인 인간 유형인데 이들에게도 이전에는 그런 친구가 분명 있었을 것입니다. 그들이 정치판이라는 독특한 현장에서, 정치라는 아주 일반적이지 않은 일을 하며, 정치인 고유의 희소한 특권의식을 덧입기 전에는 분명 동심의 친구, 물과 고기 같은 친구들이 있었을 것입니다. 그러나 분명 정치인이 된 친구는 그 친구들의 말문을 막아버리기 일쑤였을 것이고 결국 그 친구들을 외롭게 했을 것입니다. 정치인이 말을 많이 떠벌려서일 뿐만이 아니라 오히려 세상을 모르는 답답한 친구들 앞에서 말을 전혀 하지 않았기 때문에도 그럴 것입니다.

어쩌면 과거의 친구보다 지금 더 많은 친구를 주변에 모으고 있는지도 모릅니다. 정치인이 되면 더 넓은 세계에서 더 다양한 사람을 만나고 사귀는 것이 일입니다. 그 많은 사람 중에서 자기와 뜻이나 의식이 통하는 사람을 만나기란 어려운 일이 아닙니다. 그러나 수구초심처럼 과거의 친구로 돌아가고 그들을 마음속의 금송아지로 남겨두는 우정과 신의를 간직한 채 새 친구들을 만나지 않는 한 권력이 자신한테 떨어져 나갔을 때 그 새로운 친구들도 떨어져 나갈 것입니다.

또 과거의 친구도 떨어지지 않고 그대로 남아 있는지 모릅니다. 거기에는 두어 가지 사정이 있어서일 수도 있습니다. 하나는, 정치인 친구가 자랑스러운 것입니다. 그러나 이미 진실의 소통함이 막힌 그런 자랑스러움은 허위에 불과합니다. 그 정치인 친구는 내 친구가 아니라 내가 그 앞에서 자랑하고 싶은 그 사람들의 것입니다.

그리고 정치인 친구에게 볼일이 있는지도 모릅니다. 개똥도 약으로 쓰이는 세상에서 친구 정치인은 최고로 든든한 빽이 될 수 있습니다. 특히 정치인은 사람 부탁을 들어주는 특별한 취미가 있습니다. 자신의 능력을 자타로 확인시키는 것이 청탁을 수리해주는 일입니다. 그런 사람들이 제일 우선시하는 것이 친척과 친구입니다. 이런 관계로도 정치인 주변에 있는 친구는 이미 친구는 아닌 것 같습니다. 이 경우에 정치인은 자기 한 사람만이 아닌 친구의 내면까지도 변화시켰기도 합니다.

함석헌 선생의 잘 알려진 시가 있습니다. 「그대, 그런 사람을 가졌는가」입니다. 그 중에 제일 마지막 연이 다시 떠오릅니다.

온 세상의 찬성보다도
"아니" 하고 가만히 머리 흔들 그 한 얼굴 생각에
알뜰한 유혹을 물리치게 되는
그 사람을 그대는 가졌는가

 정치인한테 진정한 친구가 있는지 모르겠습니다. 그러나 특히 정
치인한테 필요한 친구는 바로 이런 친구일 것입니다.

정치인의 참모

사람들은 자신의 행위의 준거를 다양하게 가지고 있습니다. 신앙인들은 보통 경전에 의거하거나 묵상과 명상을 통해 선택이나 결정을 합니다. 신앙생활을 하지 않더라도 자신의 양심에 따라 살고자 하는 사람들이 많습니다.

그러면서도 주변 사람들의 영향을 받지 않기란 어렵습니다. 어떤 사람이 인생의 대선배로 지혜와 통찰이 있고, 또한 정의롭고 도덕적인 의식을 가지고 있다고 믿음이 갈 때 자기의 마음을 열고 의지하는 마음으로 조언을 받아들일 수 있을 것입니다. 사람들은 그런 존재가 옆에 한두 명은 있어주기를 바랍니다. 자기가 속한 단체의 어른이나 종교 조직의 지도자를 자기의 상담자로 삼기도 합니다.

그런 사람이 있다는 것이 인생의 큰 행운이 아닐 수 없는데 그가 부모 형제나 배우자라면 인간적으로 더욱 행복할 것입니다.

한편 성인이 되기 전에는 많은 사람들의 배려를 받고 주변에 조언이 넘쳤겠지만 성인이 되고 나이가 들어갈수록 상의하는 것도 또 조언을 받는 것도 어려워지고 그 빈도도 줄어듭니다. 그리고 어느 순간 모든 것을 스스로 결정할 수밖에 없을 정도의 나이와 환경에 이른 것 같다고 생각되는 시점들을 사람들마다 조금의 시차를 가지고 맞게 됩니다.

그런 때는 어쩌면 그 사람이 독선적이고 권위적이 되는 시점과 조금 맞물려 있기도 합니다. 사람이 자신의 모든 것을 결정하게 되면 될수록 자율성이 확보되어 오히려 더 자유롭고 너그러워지는 것이 아니라 완고하고 단호해지는 의식의 흐름이 있습니다. 스스로 결정한다는 것은 동시에 자신의 의식과 성격에 권위를 부여하여 자신의 일은 물론이고 다른 사람에 대해서까지 결정권을 휘두르려고 하는 고집과 독선까지 붙는 것 같습니다.

그러나 나이가 든다고 해서 모든 것을 혼자 결정하여 바람직할 정도로 사람이 완벽해지는 것도 아닙니다. 오히려 성인이고 연장자라는 것이 특정 관계에서는 일종의 권력이 되어 유치함과 이기심을 주저함 없이 드러내고 행사하는 애어른이 더 많은 현실입니다. 남녀노소를 막론하고 또 교육이나 지능의 차이를 떠나 다른 사람들의 자문과 조언은 인격과 의식의 고양을 위해서뿐만 아니라 이 사회를 지혜롭게 살아가기 위해서는 없어서는 안 되는 중요한 양식입니다.

여기에 자신의 주변에 아예 자문단과 참모단을 두고 있는 사람들이 있습니다. 정치인입니다. 그들에게 있는 자문단과 참모단은 주로 선거와 홍보를 위해 필요한 존재들이고 가끔은 정책 입안을 하는 데에도 써먹히지만 진실로 정치인에게 중요한 것은 그런 역할을 하는 집단이 아니라 그 사람 자신의 선택에 관여할 수 있는 사람들입니다.

정치인이 가지게 되는 권력에 대한 욕망은 다른 어느 것보다 사람의 의식을 변질시키고 뒤돌아보게 하는 능력을 쇠퇴시키기 때문에 그 옆에는 적어도 그만한 크기 이상의 사람이 꼭 있어야 합니다. 정치인의 눈이 가려져서 보지 못하는 것을 볼 줄 아는 사람, 정치인의 마음이 들떠서 느끼지 못하는 위기 상황을 느끼게 해줄 수 있는 그런 치밀하고 큰 사람이 있지 않고서는 곧바로 실패한 정치인이 되고 말 것입니다. 참모가 그런 역할을 한다고 생각되기도 하지만 '선생님'이라고 부를 수 있는 사람이 있으면 더 바랄 나위 없습니다.

어떤 상황에 처해 정치인이 어떻게 판단하고 선택하느냐 하는 것이 이 참모와 '선생님'의 중요한 역할입니다. 정책이나 사업을 놓고야 안목이 좋은 사람 혹은 영리한 사람의 의견을 바로 들을 수 있습니다. 그리고 듣고 말고 할 것 없이 이 정책이 누구한테 혜택이 돌아가느냐, 사회의 어떤 세력이 반대하고 어떤 세력이 지지하느냐, 이 정책의 결과에 어떤 폐해가 있을 수 있느냐 하는 것을 사회정의의 관점에 따라 결정할 수 있습니다.

물론 그렇게 되려면 자신의 철학이나 소신이 있어야 되고 또 자료를 검증해내는 능력도 있어야 될 것입니다. 그리고 최선의 것을 선택할 수 없을 상황에서는 '차악의 것'을 선택할 줄도 아는 융통성이 필요하기도 합니다. 정책은 진실을 밝히자는 것이 아니라 사회제도가 되기 때문에 그렇습니다.

그러나 정치인은 자기 자신의 문제에 있어서는 자신의 철학과 능력 가지고는 결코 해결할 수 없는 기로에 너무 자주 부딪치게 됩니다. 그가 정치인이기 때문에 그렇습니다. 정치인으로 들어서는 그 첫 기로에서부터 자신을 함께 바라봐준 그 사람을 놓지 않는 것이 그래서 중요한 것입니다. 그 사람을 자기 식으로 끌고 가는 것이 아니라 자기가 그 사람의 변함 없는 중심을 믿고 자신의 균형감각을 그 사람한테 맞추는 것입니다. 그 사람이 나의 참모 혹은 선생님이라면 능히 그렇게 해야 하지 않겠습니까?

정치인에게 그런 한 사람의 존재는 수만 명의 후원인보다 더 가치 있으며 정치 인생에서 가장 큰 행운이기도 합니다. 그 참모와 정치인은 서로를 존중하되 매몰되면 안 되고 결코 부화뇌동해서도 안 되는 관계여야 합니다. 그 사람은 정치인으로서의 진정한 잠재력을 잃지 않도록 일깨워줘야 하고 정치인이 알아차리지 못하는 어떤 상황에서 그를 흔들어 깨워주는 사람이어야 합니다. 그래서 그 어떤 상황이 기회인지 위기 상황인지 말할 수 있어야 합니다. 그리고 누군가로부터 받은 제안이 일인지 유혹인지도 분별해주어야 합니다. 정치 현장에 있는 사람에게는 꼭 해야 될 일과 하지 말아야 될 일을 볼 수 있게 해주는 사람이 끝 날까지 꼭 필요합니다.

정치인과 연예인이 같은 점

　정치인은 연예인 못지 않게 대중의 관심을 받고 있습니다. 연예인과 정치인은 대중이 관심을 갖게 되는 대상으로, 관심 갖는 동기는 달라도 관심의 비중은 거의 비슷합니다. 사람들의 관심을 받는 사람들에게는 일종의 스타쉽 같은 의식이 생기기 마련인데 자신의 일거수 일투족을 의미 있는 것처럼 인식하게 됩니다.

　보통 연예인은 노래 또는 연기를 잘하여 그 재능을 인정받으면 연예인으로의 삶이 유지될 것 같은데 매체가 폭발적으로 늘어나면서 온갖 프로그램에 나타나 다양한 재능을 발휘합니다. 그러면서 자신의 인기를 확인하고 쌓아갑니다. 또 대중은 자기가 좋아하는 연예인들을 마음껏 볼 수 있어 행복하기도 할 것입니다. 그런 의미에서 연예인은 인기를 위해서만이 아닌 대중을 즐겁게 한다는 책임감이 클 것입니다. 자신들의 끼를 발산할 수 있는 즐겁고 행복한 직업이면서도 대중한테 봉사한다는 서비스 정신이 없이는 참 못할 일이 연예인의 생활인 듯합니다.

그러나 한편 연예인들은 대중의 눈앞에 밤낮 없이 나타나야만이 연예인으로서의 존재 가치를 밝히고 또 생명이 유지된다는 강박관념을 가지고 있는 것도 같습니다. 그들이 방송에 출연하는 횟수와 다른 활동들을 보면 인간의 기본 체력이나 일상적인 삶의 유형에 비추어 초인적이다라는 느낌을 넘어 살인적이다라는 생각까지 들 때가 있습니다. 그들을 그렇게 몰고 가는 경쟁적이고 상업적인 구조도 문제이지만 무엇보다 그들 자신이 자신의 역할을 그렇게 설정해놓았기 때문일 것입니다.

연예인은 대중을 상대로 스스로를 파는(sales) 사람인데 정치인도 자신을 파는 사람으로 연예인과 전혀 다를 바 없는 의식과 생활 속에 있습니다. 모든 사람을 나의 팬으로 생각하고 내 모든 시간을 팬들을 위해 바쳐야 된다고 생각하는 연예인 못지 않게 정치인도 국민들 앞에 자신을 어떻게든 부려야 된다고 생각합니다. 더군다나 국민을 위해 일하게 해달라고 애걸하여 얻은 자리인 만큼 어떤 일이라도 해야만 되는 사람들입니다.

연예인한테는 대중의 인기와 관심이 양식이 되는데 정치인 역시 대중의 관심을 생명줄과 동일시합니다. 정치인들은 국민들의 시선 안에 자기를 두고 싶어하며 국민들 앞에 자기를 드러낼 수 있는 일이라면 무슨 일이든 합니다. 자기 스스로도 자신을 알릴 수 있는 온갖 방법을 동원하지만 정치인이기 때문에 쏟아져 들어오는 수많은 제안 역시 좋은 기회가 됩니다. 그 제안이라는 것은 물리적인 도움이나 정치적인 역할을 구하는 것 이외에도 그 정치인의 얼굴과 명함을 이용하고자 하는 것들로 정치인의 여러 환경상 그것을 잘 조절하기가 보통 어려운 일이 아닌 것입니다.

물론, 정치인이라는 자신의 위치에서 올바른 일에 나서고 어려운 사람들을 챙겨주는 데 한계가 있을 수 없고 또 당연한 그들의 책무입니다. 그러나 그런 단순한 선택만 열려 있는 것이 아니라 그런 일들을 벗어나 누이 좋고 매부 좋고 하는 식의 제안은 정치인 주변에 끝없이 널려 있습니다. 그런 제안들은 결국 명함에 한 줄 이력을 더 넣는 일이고, 대중 앞에 얼굴을 한 번 더 드러내 보이는 것이지만 보통의 정치인은 그런 것들을 자신의 위치를 강화해주고 인간관계를 한 사람이라도 더 맺게 되는 기회로 받아들입니다.

정치인이 연예인처럼 나대고 자기의 인지도나 지명도를 높이기 위해 정력과 시간을 투자하는 이유는 무엇일까요? 무엇보다 자신의 지명도가 표로 직결된다고 철칙처럼 믿고 있는데, 그 표는 자신의 정치 생명이기 때문입니다. 그러니까 자신의 생명을 존속시키기 위해 최선을 다하는 것은 당연한 일이라고 생각합니다. 또 하나는 일단 내둘러진 사람은 더 잘 내둘러지기를 바라는 마음이 있습니다. 그것이 일이라고 생각하는 거지요. 그리고 일의 무한지대가 정치 현장이기도 합니다.

인간의 성향 속에는 사람 가운데 드러나고 싶은 욕구가 말할 것도 없이 깃들어 있는데 정치인이 되었을 때 그런 욕구를 안팎으로 채울 수 있는 무한한 기회가 제공됩니다. 정치인으로 해야 할 일도 무궁무진하지만 자신의 얼굴을 챙겨서 내보일 일도 찾아보면 너무 많습니다.

사람들로부터 많은 시선을 받다보면 자의식이 강화됩니다. 여러 사람들 앞에서 노래하거나 연기를 하고, 또 연설하거나 발언을 하는 사람들은 그만큼 다른 사람들을 의식하게 되는데 그것은 자신에 집착하게 하고 또 사람들의 시선에 민감한 상태로 만들어갑니다. 정치인이나 연예인은 다른 사람들을 위해서 살고 움직이는 것 같지만 결국은 자기 자신에 사로잡혀 사는 사람들이라는 점에서 너무도 비슷합니다.

사람들은 왜 연예인과 정치인을 비난하는가

사람들은 나이를 먹을수록 세상과 사람에 대해 기대나 비난을 하기보다는 이해를 하게 됩니다. 그러면서 인간이 세상과 사람에 대해 할 수 있는 일, 해야 되는 일은 사랑밖에 없다는 것을 깨닫게 됩니다.

그럼에도 인생의 한때까지, 그리고 어느 극적인 시점에서는 사람과 사회에 대해 기대하고 요구를 하고 그래도 안 되면 비난하고 또 투쟁해야 되는 것이 사람의 책임이 되는 경우가 있습니다. 사회에 대한 투쟁은 이상적인 사회제도의 그림이 있기에 가능하고, 그 사람에 대한 비판은 이상적인 역할에의 기대가 전제되어 있습니다.

그러니까 사람들은 자기만한 사람, 자기보다 약한 사람이라고 생각하는 사람한테는 요구하지도 않고 또 싸우지도 않습니다. 사람들이 바라보고 기대하는 사람은 자기보다 나은 위치에 있다고 생각되는 사람이거나 일을 많이 할 수 있을 것이라고 여겨지는 사람들입니다. 그런 면에서 불특정 다수의 사람 가운데 가장 많은 요구와 기대를 받고 또한 비난도 받는 사람은 소위 공인으로, 그 중에 정치인과 연예인이 큰 비중을 차지합니다.

국민이 위임한 권한이 있는 정치인은 그 권한을 국민을 위하여 선하게 써야 한다고 사람들은 생각합니다. 그리고 연예인은 그들이 원하는 관심과 돈과 박수를 사람들이 준 덕에 성공한 사회적 산물이라 아무리 그들 자신은 아니라고 부인하더라도 역시 공인으로 분류됩니다. 국민들이 유독 그들의 문제에 민감하고 실수를 맹렬히 비난하는 것은 그들의 사회적인 부와 명성이 생득적이거나 독자적인 것이 아니라 사회구성원인 자기들과 연관된 공적인 것이라고 믿기 때문입니다.

그들의 사회적인 책임을 떠나 국민들은 그들에 대한 환상이 있습니다. 이상적인 인간의 모습을 그들을 통해 찾는 것입니다. 아름다운 노래와 뛰어난 연기력으로 인해 연예인을 노래 가사나 드라마 속의 주인공과 혼동해버리고, 정치인은 그들이 법과 제도를 다루는 사람이기 때문에 역시 법과 제도에 가장 부합되는 삶을 사는 사람들일 거라고 무의식 속에 믿게 되는 것입니다.

분명 연예인이나 정치인에게는 특유의 능력이 있습니다. 그들에게 있는 어떤 능력이 그들로 하여금 연예인의 길을 걷게 하고 또 정치인의 반열에서 활동하게 하는 것은 분명합니다. 그것은 여느 전문적인 기능과 자질처럼 꼭 예능과 정치에 적합한 특기라고 볼 수 있습니다. 그렇지만 그들의 여타의 능력, 예를 들면 솔직하고 설득력 있는 언어구사 능력이 있는지, 대인관계는 어떤지, 공덕심은 있는지, 성실하고 부지런한 행실이 있는지, 가족한테는 얼마나 충실한지 그런 것들에 대해서는 사실 국민들은 알 바가 없습니다.

전문직에 속하면 속할수록 그들의 다른 능력이나 문제를 검증하거나 파악할 수 없게 되는 것처럼 연예인과 정치인이 아무리 그럴듯한 모습으로 나타난다고 하여도 언젠가는 그들로 인하여 크게 놀라게 되는 경우를 꼭 맞이하게 됩니다. 그럼에도 국민들은 그들의 얼굴과 언변 하나로 인간 중에는 나은 사람일 거라고 자기도 모르는 사이 믿고 있는 것입니다.

물론 연예인이나 정치인의 부정적인 스테레오 타입을 국민들이 모르지는 않습니다. 연예인들이 내는 사건·사고는 그들이 어느 누구보다 낫지도 않을 뿐만 아니라 오히려 더 척박한 삶을 살아가고 있다는 것을 깨닫게 해줍니다. 정치인들이 권력의 맛만을 알아 저지르는 온갖 불법과 부정이 세상 그 어떤 사람들의 범죄보다 파괴적이고 광범위한 악영향을 끼치고 있다는 사실 역시 상식이 되었습니다. 연예인이나 정치인에 대한 뿌리깊은 경멸이 사람들 속에는 확실히 존재합니다.

그럼에도 사람들은 그들에 대한 기대를 저버리지 않는데 그 기대는 똑같은 강도로 화도 내주겠다는 심리와 부합합니다. 그 이중적인 심리는 그들에 대한 추상적인 믿음이 그들의 비리와 불건전한 사생활에 대해 국민적 비난으로 그대로 쏟아지는 때 볼 수 있습니다. 국민들이 연예인과 정치인에 대해 유독 분노를 드러내는 것은 그들만은 결코 그럴 줄 몰랐다 혹은 그래서는 안 된다는 자기중심적인 기대 때문이기도 합니다.

결국 정치인과 연예인이 될 수 있었던 특수한 능력을 인간적이고 도덕적인 능력으로까지 확대시킨 것입니다. 게다가 정치인은 연예인들과 마찬가지로 국민들이 아주 좋아 죽겠다는 친근하고 호의적인 태도로 늘 나타나기 때문에 그들의 정치인으로서의 진짜 능력보다 그들이 이런 사람이려니 하는 인간적인 능력을 기대하게 됩니다. 그리고 깨끗한 외모와 선한 말투에서 연예인들이 아주 건강한 삶을 살 것이라고 무의식적으로 믿고 있습니다. 그것은 정작 환상이지만 사람들은 스스로 그것을 깨칠 때까지는 즐겨 지니고 있습니다.

정치인과 연예인은 체질상 다른 모든 사람의 평가나 시선을 중요시하기 때문에 환상 속의 인물이 된다는 것에 조금도 부담이 없고 오히려 즐깁니다. 그렇다고 사람들한테 있는 환상을 소중히 지켜줄 책임성을 가지지 않은 것은 말할 것도 없습니다. 오히려 그들은 자신의 이미지를 메이크업하는 데 더 많은 정력을 투자하는 것 같습니다. 너무 많은 연예인이 정치인처럼 되고 정치인이 연예인처럼 되는 것이 바로 그런 노력의 결과입니다.

토론에는 승부가 없다

　사회의 거의 모든 부분에 민주적인 운영방법이 자리잡으면서 회의와 토론이 생활화되었습니다. 토론은 한 문제에 대한 전문가와 각계의 의견을 종합해보는 성격을 가진 것도 있지만 대부분은 쟁점이 된 사안에 서로 다른 두 견해를 집중적으로 노출시킴으로써 공감과 이견의 폭을 확인하게 하는 것들입니다. 우리 사회의 중요한 문화가 된 토론은 표현의 자유가 얼마나 확장되었는가 하는 것을 여실히 알 수 있게 해줍니다.

　서구의 나라들이 오래 전부터 토론 전용 유선방송이 있다는 사실에서 민주주의 발달의 한 과정을 엿볼 수 있는데, 어느덧 우리나라도 모든 방송매체에서 토론의 비중이 확고해져 있습니다. 방송 토론을 보면 볼수록 깨닫게 되는 것은 우리 사회를 지배하는 양대 의식은 보수와 개혁, 수구와 급진이 아닌가 하는 것입니다.

물론 사회와 국가의 쟁점이 된 문제에 대한 토론이라는 것이 서로 다른 두 가지 강한 시각차를 전제하고 진행되는 것이기 때문에 그런 양상으로 비춰지는 것인지도 모르겠습니다. 사실은 소수에 불과한 개혁과 급진세력이 형평성 있는 패널 안배 덕분에 주류 반열에 올라온 것처럼 보이고, 숫자로나 세력으로나 더 강한 보수와 수구층도 오랜 세월 다져온 실력을 빠진 데 없이 발휘하는 것에 불과한 것임에도 말입니다.

특히 이론적 무장이 강한 진보세력에 맞서 보수 대표들은 그들의 실력이나 세력을 인정하고 싶지 않은 당혹감과 함께 재무장할 수밖에 없는 현실을 체험하는 것입니다. 보수냐 진보냐 하는 입장은 어느덧 우리나라에서 생존의 보호막처럼 되어버렸기 때문입니다.

이런 토론은 사회구성원의 다양성을 인정하게 하는 기제 같으면서 또 한편으로는 의식의 양분 현상을 확인시키고 고착시키는 구실을 하는 것도 같습니다. 거기에 어떤 토론 프로그램은 아예 하나의 주제에 대해 방청객들한테 선택권을 주어 찬반의 입장을 표현하게 하는데 보통 표차가 거의 없습니다.

이런 결과는 참여한 모든 사람한테 다양성을 확인시켜주는 효과를 내는 것보다는, 생각이 다른 사람들이 저렇게 많은 사실에 대하여 놀라움을 안겨주는 것 같습니다. 그러면 우리 사회가 어떻게 간다는 말인가 하는 아주 우려스럽고 답답한 정서까지 전파됩니다. 사상과 사고가 다른 것을 이해한다기보다는 분노와 당혹의 느낌들이 무언중에 오가는 것을 볼 수 있습니다. "현재의 세계는 성난 자기 중심적 집단들로 꽉 차 있다"는 러셀의 진단을 긍정하지 않을 수 없는 순간입니다.

그리고 그들의 '한 발 양보하느니 차라리 문명을 파괴시키고 말겠다는 태세들'도 걷잡을 수 없는 시위와 물리적인 힘의 사용이 끊이지 않는 바깥 현장에서 바로 확인됩니다. 이전 시대와 차이가 있다고 하면 공포스러운 공권력 사용이 조금 약화되고 상대적으로 집단간 힘의 대결이 더 두드러졌다는 것입니다.

토론 프로그램을 통해 볼 수 있는 것은 그것입니다. 토론이나 대화를 통해 자기의 신념을 변화시키는 사람은 거의 없습니다. 토론은 한편으로 다른 의견을 접함으로써 자신의 의견을 교정할 기회를 얻는 것이기도 할 터인데 결코 어느 토론자도 애초의 입장에서 한 치도 물러나거나 변화되는 것을 본 적이 없습니다.

찬반 입장이 확고한 사람 가운데 선별되어 참여한 사람들이라 더욱 그러는 것인지도 모르겠습니다. 그리고 토론 중에 자신의 말이 조금이라도 달라지면 무른 사람이라거나 논리가 부족한 사람이라고 비난받을 것이라고 생각하는 영향도 있을 것입니다. 또, 한쪽 여론을 대표한다는 사명감 때문에 최대한 철저하게 방어와 공격을 하게 되기도 할 것입니다. 이런저런 상황을 다 떠나 사람이라는 것이 자기의 기본 의식을 바꾸기란 한 생을 통하여 그리 가능하지가 않은 존재이기도 합니다.

혹시 더 많은 발언을 하고 더 강한 논리에 공격과 대응도 뛰어나게 한 토론자가 있을 수 있습니다. 상대 입장의 토론자가 말문이 막히고 청중들이 그 사람의 의견에 동조하고 지지자들이 그의 선전을 흡족해라 했습니다. 그럼에도 결과는 크게 달라지는 것이 없습니다. 가장 좋은 결과는 설득력 있는 주장이 정책에 반영되는 것입니다. 물론 그러기 위해서 토론에 참여합니다.

그러나 정책은 찰나적인 것입니다. 너무도 가변적인 것이고 또한 상대적인 가치를 담고 있습니다. 사람들의 의식이 분열되어 있는 한 끊임없이 아우성칠 것이고 힘의 논리에 의해 정책이 뒤바뀌는 것은 시간 문제일 뿐입니다. 그리고 정작 정책 결정을 하는 손은 따로 있을 수도 있습니다. 중요한 쟁점은 권력자들이 보통 사람들의 손에 놔두지 않습니다. 그 안에서 얻으려는 것이 있기 때문입니다. 그것은 사람들의 의식과 정서의 흐름을 뒤바꾸는 이데올로그가 되는 것일 수도 있고, 이권단체들로부터 오는 후원일 수도 있고, 말 그대로 정치적 영향력일 수도 있습니다. 공개 토론이라는 민주적인 절차를 가졌다는 것을 이용할 뿐입니다.

토론에 참여한 사람이 이런 사실을 조금이라도 진지하게 들여다

보려는 마음만 있으면 토론의 처음과 끝에 어떠한 변화가 없다는 것을 알 수 있을 것입니다. 말을 충분히 하지 못한 사람 혹시 토론에 진 것처럼 보이는 사람한테 승복하기를 기대하는 것은 말 그대로 '내시가 처녀를 데리고 아이를 잉태하게 하려는' 것과 같습니다.

일반적인 수준에서 정치나 사회에 관심을 갖는다는 것은 현상유지 혹은 변화에 대한 강한 욕구를 말하는 것이며, 욕구가 강할수록 그것은 집착의 성격을 띠기 때문에 자기의 욕구가 무산되었을 때는 분노가 생기기 마련입니다. 토론이라는 공개적인 대결의 현장에서 말을 충분히 하지 못한 사람 혹은 논리가 부족하여 입장이 밀린 것처럼 보이는 집단에게는 증오심과 더욱 확고해진 자신의 신념만 남게 됩니다. 그리고 다른 기회의 승리를 다짐하고 준비하게 되는 것입니다.

토론을 정말 잘 하는 것은 이기는 것이 아닐 것입니다. 그러나 아예 처음부터 지는 토론도 있는데 그것은 마음을 열지 않고 자기의 신념에만 의식의 방향을 맞춘 그런 토론입니다. 아무리 전문적이고 기술적인 영역의 토론이라고 하더라도 토론에서 상대방의 의식을 읽지 못하고 그 마음의 상태를 헤아리려고 하는 열린 마음이 없는 토론은 말 그대로 요식행위에 불과한 자리의 어릿광대짓에 지나지 않습니다. 싸움을 하면서도 상대방이 옳을지도 모른다는 생각을 하는 그리스인 조르바 같은 사람의 마음은 아주 특별한 통찰은 아닙니다.

V. 지방자치제도와 지방의원

부가 아닌 권력이 사회 이론의 기초 개념이 되어야 하며, 사회적 정의는 권력이 현실적으로 얼마나 평등화되어있는지에 달려 있다. 그리고 국가가 민주적이지 않는 한, 또 민주적인 국가라 하더라도 관료들의 권력을 억제하는 장치들이 마련되어 있지 않는 한, 토지와 자본의 국유화는 결코 진보가 아니다.

—버트런드 러셀

우리나라에서 지방자치제도가
발전하지 못하는 이유(1)

　민주주의 제도는 국가와 지역 행정에 의결권을 갖는 대의기관이 주민들 가장 가까이에 내려왔을 때 명실상부하게 됩니다. 그런 점에서 지방자치단체는 현대의 아크로폴리스라고 할 만합니다. 행정이라는 것은 그 대상이 되는 주민들을 위한 정책과 사업인데 그 입안에서부터 결정에 이르기까지 주민들 자신이 참여한다는 것은 민주주의 제도의 완결이라고 볼 수 있습니다.

　그런 의미에서 우리나라가 온전한 민주주의라고 할 수 없는 것은 교육이나 치안, 재판 등 국민 실생활과 밀접한 분야가 포함되지 않고 기초지역행정만이 지방자치에 포함되어 있기 때문입니다. 선거비용 등 행정의 효율성을 내세워 자치의 범주를 제한하고 있지만 주민들이 그 행정 전반을 볼 수 있는 기관과 그렇지 않은 기관의 차이는 보통 큰 것이 아닙니다. 투명성과 합리성과 효율성이 다른 것은 말할 것도 없고 공무원들의 민주주의 정신과 서비스 정신의 차이도 얼마나 큰지 모릅니다.

간단한 예로 광역까지만 자치가 이루어지고, 그것도 간접선거로 뽑힌 열 명이 안 되는 교육위원들을 위원회로 두고 있는 교육 행정의 경직성과 비효율성은 일반인들의 상상을 넘어섭니다. 경찰기관이나 사법기관을 출입해 본 일반인들이라면 그 공무원들로부터 거의 한두번 이상은 겪은바 있는 모욕적인 언사 등은 전적으로 자치와는 거리가 먼 그들의 행정구조에서 기인한 것입니다. 민간의 참여와 견제를 전혀 받아보지 못한 그들은 자신들한테 내면화되어온 공권력의 우월성과 관존민비의 권위주의적 사고를 개조시킬 어떤 기회도 갖지 못한 것입니다. 따라서 기초자치단체까지 내려와 있는 모든 행정기관이 자치제도를 실시하는 것이 가장 민주적이다라고 말하지 않을 수 없습니다.

1950년대에 몇 년 동안 지방의회가 구성되긴 하였지만 본격적인 지방자치는 1991년부터 시작되어 이제 12년의 역사를 지니고 있습니다. 이렇듯 부분적이면서도 짧은 지방자치의 역사를 보면서 우리나라가 온전한 민주국가 같고 또 우리들이 타고난 민주시민인 것처럼 젖어들어 사는 것에 큰 격세지감을 갖지 않을 수 없습니다.

지난 십여 년 사이 사람들은 마치 평생을 지방자치해온 주민처럼 지방행정에 대해 아주 잘 알고 있다고 믿고 있거나 자치가 아주 잘 되고 있는 것처럼 생각하고 있습니다. 그러니까 의원들이 바로 자기 옆집에서 살아 이런저런 민원을 전달할 기회도 있고, 초상집에서 단체장을 쉽게 구경할 수 있고, 전화 한 통화나 인터넷을 통해 필요한 행정정보를 얻을 수 있고, 공동체 축제가 많아졌다는 것으로 우리가 지방자치를 잘 하고 있다고 믿습니다. 자치가 잘 되고 있다고 생각하는 것과 지방자치단체가 잘 하고 있다고 믿는 것은 별개의 것이긴 합니다만.

다시 말하지만 우리의 지방자치는 10년을 넘긴 제도입니다. 물론 후발주자의 이점을 살려 여러 시행착오들을 단시일에 극복하고 이상적인 지방자치제도를 구현시킬 수 있었다고 말할 수도 있습니다. 그러나 지난 12년의 과정을 보아 지방자치제도라는 민주주의는 그렇게 쉽게 빨리 주민들을 위해 정착될 것 같지는 않은 것으로 보이기도 합니다. 그 가장 큰 이유는 지방자치제도가 처음부터 정치인들에게 좌지우지되어 온 것에 있습니다.

1988년, 국회의원들은 39년 만에 지방자치법을 개정하였습니다. 그 동기는 물론 권력을 최대한으로 분산해야 하는 민주주의의 원칙에서 비롯되었다는 것을 부인할 수 없을 것입니다. 인간에게는 선을 찾아내고 이상을 구현하려는 본성과 의지가 있습니다. 법 정신이라는 것이 그토록 인간의 복리를 위하는데 국회의원들도 인간이기 때문에 법에 내재되어 있는 고귀한 힘을 외면하지는 못할 것입니다.

그런 이유로 국민들은 의회 안에서 이상적인 제도를 궁구하고 실시하려는 최소한의 노력이 있다는 것을 인정하는 것입니다. 우리나라가 그나마 이만큼의 제도적인 발전을 한 것은 국회의 입법기능의 덕분이라고 하지 않을 수 없습니다. 지방자치법의 개정과 실시는 뒤늦게나마 국회가 국민들한테 준 최고의 선물이기도 하였습니다.

그러나 1988년 그해 바로 시행해야 되는 지방자치제도가 1991년까지 미뤄진 동안 두 번의 법 개정이 더 있었는데, 결국 국회는 자신들이 만든 법을 세 번이나 위반하면서까지 지방자치제도 실시를 막았습니다. 결과적으로 그들은 법 정신을 왜곡시키는 명수라는 것을 다시 드러낸 것입니다.

그들이 법을 만드는 것은 자기들의 정치 생명이 위태롭지 않은 범주 안에서입니다. 우리나라에 상위법과 하위법이라는 법의 위계 서열이 있는데 이것은 형식적인 분류이고 실제적으로 불문율과 같은 것은 국회의원의 이익입니다. 자신의 위치와 권위가 위협받지 않는 범주 안에서 그들은 국민을 생각하고 민주주의를 생각합니다.

자신의 이익을 챙기는 데 국회의원들이 얼마나 영리하고 섬세하고 철저한지 그것은 본능에 가까운 능력이기 때문에 그들의 자리가 그토록 탄탄하게 유지되었기도 합니다. 거기에 권력의 힘을 가지고 재창출해내는 것이기 때문에 실패율도 거의 없습니다. 그리고 국회라는 조직 이기주의의 힘이면 못 해볼 것도 없습니다. 조삼모사나 조령모개 하는 것들이 다 봉건시대의 이야기만은 아니고 시대를 초월한 정치인들의 이야기입니다.

1991년 지방의회가 개원되고 그 이후 12년은 국회의원들이 지방의원들을 자신의 정치 생명을 지속시키기 위해 사조직화하는 역사이기도 하였습니다. 지방의원들과 국회의원은 공천(내천)과 충성을 주고받으면서 지방의회를 서로의 정치생명을 담보해주는 공생의 고리로 활용해온 것입니다.

우리나라 지방자치제도가
발전하지 못하는 이유(2)

1991년 지방자치제도가 30여 년 만에 다시 실시되었을 때 그 대표인 의원을 뽑는 것에 대해 주민들은 그토록 무관심할 수가 없었습니다. 지역에 우세한 당의 당원이나 국회의원들과 인맥이 있는 사람들이 출마하여 거의 당선되었고, 또 쓰레기 처리, 학교 급식, 학교 신설 등 지역사회 문제에 나서서 일했던 사람들이 떠밀려 출마했다가 어렵지 않게 당선되기도 하였습니다.

제1기 지방의회의원들은 간접 경험도 없고 현실적인 활동비도 보장되어 있지 않은 속에서 지방의회 의원의 자리를 매겨갔습니다. 그들은 지방자치법과 의회운영규칙을 교과서로 펼쳐놓고 의회의 기능을 하나하나 파악하여 그대로 실천해감으로써 주민 대표기관인 의회의 권위를 세우려고 노력했습니다. 그들은 권위주의적이고 편의주의적인 공무원의 의식과 구조를 제대로 볼 수 있었던 최초의 주민들이자, 주민들이 낸 세금이 어떠한 배경으로 배분되어 집행되는가를 분석할 수 있게 된 최초의 주민 대표였습니다.

제1기 지방의회의원들은 주민자치라는 법 정신을 배움과 동시에 또 실행하느라고 정신이 없을 정도였습니다. 그 처음 4년 동안 이들이 지방자치법에 명시된 의회의 기능을 거의 다 실험한 흔적들을 찾아볼 수 있습니다. 공무원들에 대한 징계와 의안발의가 가장 많은 것도 초기 의회활동에서입니다. 그러나 또 한편, 지방자치제도와 지방의회에 대해 인식이나 관심이 부족했던 속에서 이들은 주민들의 비판과 감시에서 최고로 자유로웠던 의원들이기도 하였습니다.

1995년에 시작한 제2기 지방의회는 지방의원들의 활동비를 지급하겠다는 국회의 논의로 인해 지방의원 후보들이 정당의 공·내천 과정에서부터 상당수 경합이 있었습니다. 그 이후 2003년 6월까지만 8년 동안 지방의원은 무보수 명예직으로 활동했습니다만 보수가 있는 전업 의원으로 활동할 수 있을 것 같은 그 당시 분위기 덕분에 다양한 사람들이 지방의회에 진출하는 계기가 되었습니다. 의원들의 연령층이 낮아지고 학력이 올라갔으며 운동권 출신과 시민단체 활동가들이 상당수 지방의회의원이 되었습니다.

1991년 지방의회의원 선거 이후 2002년까지 세 번의 지방의회의원 선거가 더 있었는데 의정활동 백서를 비교하여볼 때 갈수록 의정활동들이 저조해진 것을 볼 수 있습니다. 의회의 대표적인 활동이라고 하면 조례를 제정하고 자치단체장이 제출한 의안을 심의하고 또 행정사무를 감사하는 일입니다. 그리고 특별위원회 활동과 시정질문의 횟수와 내용들도 활동성과들을 비교해볼 수 있는 조건입니다.

　주민들의 지방자치나 의회에 대한 관심도 커져 다양한 성분의 주민들이 의회에 진출하는데도 의회의 활동이 더 침체되는 현상은 사뭇 기이하기도 합니다. 역사로 보면 당분간은 좀더 발전 도상에서 다양한 활동성과들을 구축해야 하는데도 말입니다. 지방의회가 몇 기를 넘기지 못하고 정체되거나 과도기적인 현상을 드러내는 가장 큰 이유는 지방의원들이 임기를 평생 의원으로 남고 싶은 욕망을 채우는 수단으로 써먹는 것과 지방의회가 중앙 정치인들에게 이용되면서 정치화되기 때문이라고 볼 수 있습니다.

　지방자치제도가 해를 거듭하면서 지역마다 의원들에 의한 새로운 토착세력 혹은 특권층이 형성되었습니다. 의원직은 평범한 생활인이기도 한 이들에게 권위와 명예, 그리고 특권까지 곁들인 완전한 삶의 방편이 되어버린 것입니다.

　이들이 의원직을 유지하기 위해 쓰는 자구책은 간단합니다. 주민들의 표를 얻기 위한, 그리고 표를 잃지 않기 위한 활동을 벌이는 것입니다. 그것이 지역 이기주의가 되었건 한두 명 목소리 큰 지주나 호형호제하는 업자의 이익을 보호해주는 것이되었건 민원을 해결한다고 나서주면 또 당선될 줄 알기 때문입니다.

의원들은 민원을 해결하기 위해 과거의 민주화운동의 한 투쟁 방법들을 활용하는데 단식, 삭발, 혈서 그런 것들입니다. 지금 전국적으로 지역 현안을 놓고 집행부와 대치하는 의원들 속에서 바로 이런 행동들이 속출하고 있습니다. 그들이 단식하고 삭발하고 혈서를 쓰는 것을 보면 지방의회가 뭐 하는 기관인가 혼동이 되지 않을 수 없습니다. 지방의원들이 과연 인간의 미래와 환경, 그리고 공동체적인 삶에 대해 비전이나 책임을 가지고 있는 사람들인가 하는 것입니다.

그린벨트 해제에 가장 앞장서는 것은 지방의회입니다. 조례안 하나 제대로 입안하지 못하면서도 그 이전 지방자치단체에서 어렵사리 규제해온 고도제한을 해제하라는 주민들의 청원을 소개하는 역할을 하는 것도 최근의 지방의회에서 자주 볼 수 있는 일들입니다. 자기 지역에 장례식장이나 장애인 복지시설이 들어선다면 허가청인 시·군·구청에 주민들을 끌고 들어가 삭발식을 하는 사람들이 지방의원입니다.

그럼에도 불구하고 의원들은 결코 수치심이나 책임감을 느끼지 않습니다. 의회 안에는 선거만 당선되면 모든 것이 정당화된다는 의식이 만연해 있고, 또 하나 '공동책임은 무책임'의 풍토가 형성되어 있기 때문입니다. 시민사회와 언론이 비판을 하고 지역의 주민들이 항의를 하면 의원들은 대답합니다. '내'가 그런것이 아니라 그것은 '의회의 결정'이라고요.

이런 사람들에게 똑같이 필요한 것은 정당의 공·내천입니다. 정당의 공·내천은 지방의원을 하고 싶은 사람에게 일종의 허가장입니다. 정당에 줄서기를 함으로써 차기를 보장받으려고 하는 지방의원의 욕구와 자신들의 취약한 지역 관리를 지방의원들을 통해 해결하려 하고자 하는 중앙 정치인의 필요는 이렇게 맞물려 있습니다.

유권자의 수가 몇 천 명에서 만여 명을 넘지 않는 기초의회 의원 선거가 갈수록 고비용이 되고 금권·관권 선거가 되는 것도 정당의 영향 때문입니다. 1998년에 있은 제3기 지방선거에서부터 정당의 '세트 플레이' 선거운동은 정점에 달하다시피 했습니다. 정당 공·내천을 받은 4대 선거의 후보는 똑같이 꾸민 선거 차량을 사용합니다. 말할 것도 없이 모든 무소속 후보들도 똑같은 색깔의 차량을 몰고 나옵니다. 걸어서 하루에 몇 바퀴라도 돌 수 있는 지역 안에서 선거 차량들이 활주하며 고출력 음향기기의 유세로 온 동네가 들썩거립니다. 내천자들이 특정 정당 후보라는 것을 알리기 위한 방법으로 유니폼을 맞춰 입고 나오면 다른 후보들도 눈 깜짝할 새 그 유니폼을 입고 나타납니다.

정당의 이러한 전략들은 결국 선거 비용을 높이기만 하고 소박해야 되는 동네 선거를 과열시키고 정당의 위세를 과시하는 역할 이상 아무것도 한 것이 없었습니다. 또한 그에 휘둘려 다른 후보들은 내천을 받은 후보라고 선거에서부터 주민들을 속이는데 그것은 선거를 저질화하고, 그들이 당선이 된 후에도 끝없이 부정직하고 표리부동한 의원으로 만드는 원죄 역할을 하는 것입니다.

이 모두는 바로 정당이 지방선거에서 공·내천자를 내고 선거를 조직화하는 데에서 비롯되는 것입니다. 선거가 끝나고 선거법 위반으로 재판을 받는 기초의원들 가운데 상당수가 정당 후보라고 선전하여 불법 선거운동을 했다는 이유로 기소된 것을 보아도 정당의 영향이 선거에서 얼마나 민감한 것인지 알 수 있습니다.

그렇게 이루어진 선거 결과 정당 후보들이 상당수 낙선했고 당선된 후보들도 고전 끝에 표 차이가 거의 없다시피 의회에 진출할 수 있었습니다. 그것은 정당 공·내천자들로 하여금 자신들이 어렵사리 당선된 것이 그래도 정당 프리미엄이라고 믿지 않을 수 없게 만들었습니다. 자신들이 의회에 진출할 수 있었던 것을 자기를 공·내천해준 정치인의 (도움 이상의) 은덕이라고 믿지 않는 초선의원들은 거의 없었습니다. 그리고 주민들에 대한 봉사 못지 않게 그 정치인에 대한 충성이 자신들의 도리라고 생각하였습니다.

한편 무소속으로 당선된 의원들에게서도 쉽게 이해하지 못할 태도가 드러났습니다. 자신들이 정당 후보라고 속였건 안 속였건 간에 그런 와중에서도 당선된 무소속 후보들은 더욱더 당당하고 자신들의 능력에 자부심을 가져야 할 터인데도 언제나 정당 출신 동료 의원들의 뒷전에 서는 것이었습니다. 정당의 도움 없이 선거에서 당선되었다는 것은 순전히 자신의 노력에 의한 결과이고 자유로운 의정활동을 할 수 있는 여건을 보장해준 것인데도 불구하고 무소속 의원들은 그 2년 후 있은 국회의원 선거에서 거의 예외 없이 입당하여 국회의원 선거를 도와주는 지역 책임자가 되었습니다.

지구당 위원장으로서는 그 무소속 지방의원이 행여 자신을 당선시킨 주민을 규합하여 다른 국회의원 후보를 지지할 수 있는 가능성을 차단시키기 위해 그들을 영입하지 않을 수 없었습니다. 어제의 골칫거리가 오늘의 도움자가 된 것입니다. 무소속 의원들 가운데 정당의 기벼운 영입 손짓에 넘어가지 않은 사람은 거의 없었습니다. 그럼으로써 이들은 차기에는 무소속의 설움을 씻을 것으로 믿었지만 이들이 다시 맞은 것은 내천에서 탈락되거나 공동 내천이라는 더욱 삭막한 현실이었습니다.

지방의원들은 자신들의 존재를 처음부터 정당 속으로 귀속시키면서 그렇게 정치화되었습니다. 이들은 한편 정당의 울타리 안에서 중앙 정치인과 같은 인식으로 의회를 정치판처럼 여기면서, 또 자신이 원하는 만큼 의원직을 유지할 수 있는 것은 정당 조직에서 이

탈하지 않으면 된다는 것을 믿으면서 의정활동을 하는 것입니다.

중앙 정치인과 지방의원과의 유착관계는 같은 당원인 단체장에게도 영향을 줍니다. 단체장이 의회와의 어려운 국면에서마다 중앙 정치인에게 SOS를 치면 중앙 정치인은 의원들을 무마시켜줌으로써 단체장을 길들이는 한 방법으로 쓰기도 합니다. 공·내천권자인 지구당 위원장의 뜻에서 자유롭지 못한 한 지방자치제도는 끝까지 그렇게 터덕거릴 수밖에 없을 것입니다.

지방의회라는 것은 주민 한 사람 한 사람과 연결된 공공의 환경을 바로 그 주민의 한 사람인 의원이 인식하고 또 변화하게 만드는 핵입니다. 이것은 관념적이거나 피상적인 정치 현실이 아닌, 아주 구체적이고 가시적인 변화의 현장이기 때문에 중앙 정치인들한테 물들어진 당리당략 같은 것은 조금도 필요하지 않습니다. 다만 정당도 공적 단체인 만큼 주민 참여 차원에서 솔선수범 해주는 정도를 기대해볼 수 있을 것입니다.

중앙 정치가 아니라 지방자치가 먼저입니다. 중앙 정치인의 정치적 이해관계가 먼저가 아니라 지역 환경을 잘 아는 지방의원들의 의지와 열정이 먼저 표출되면서 지방의회가 중앙 정치의 방향을 바꾸어야 합니다. 중앙 정치인이 지방의원들을 낙점하고 공·내천을 주기를 줄서서 기다리고 있을 것이 아니라 지역 주민들한테 인정받고 내세워진 그 힘으로 중앙 정치인들을 뽑으려고 하는 현실 감각과 자긍심이 필요한 것입니다.

　그러나 이렇게 되느라 힘을 들이기보다는 정당 사무실에서 바둑이나 화투를 치면서 조직원들 사이에 눈 도장을 찍고 정치인의 귀향 길에 마중을 나가거나 운전기사 노릇을 하면서 공·내천을 받는 것이 더 재미있고 손쉽기도 할 것입니다. 그래서 지방의회는 갈수록 조용해지고 의원들이 정당에 줄서기 하는 악순환이 계속되는 것입니다.

주민들이 지방의회를 봐주는 이유

2003년 6월 30일, 지방자치제도가 재개된 이후 가장 획기적인 지방자치관련 법률 개정이 있었습니다. 무보수 명예직인 지방의원의 지위가 유급제로 바뀐 것입니다. 2003년 4월 지방의원을 유급제로 한다는 골자의 '지방자치법개정법률안'에 173명이라는 많은 수의 국회의원들이 서명한 이래 만 석 달이 못 되어 전격적으로 의회 의결을 얻은 것입니다. 백 수십여 개의 법안들이 수개월에서 1년 이상씩 국회에 상정도 못 되고 있는 것을 생각할 때 놀랍기 그지없는 속도감이라고 하지 않을 수 없을 것입니다.

지방의원이 무보수 명예직으로 활동해온 것이 만 12년이 됩니다. 그 사이 수 차례 지방의원의 보수와 지위에 대한 논의가 국회에서 있었지만 유야무야 넘어가 주민들도 지방의원 유급제 실시에 대해 관심을 갖지 않았습니다. 그동안의 유급제 논의는 지방의원을 많이 당선시킨 정당의 국회의원들이 지방의원 달래기 식으로 정당 차원에서 거론한 것에 불과했고 상대 정당에서 적극적으로 반대하여 실효성이 없었기도 하였습니다.

이제 재적 과반수 국회의원의 서명이 있자 주민들은 갑자기 지방의원과 지방의회에 대해 관심을 보이기 시작했습니다. 무엇보다 주민들은 유급제 관련 법률안 개정을 파격적으로 보며 이것은 국회의원들이 다가올 총선을 의식해 그동안의 빚을 갚고 또 총선에서 편하게 써먹자는 속셈에서 나온 것이라고 보았습니다. 주민들은 법률안 개정의 원 취지를 무색하게 할 만한 그들의 의도성을 예단하고 아예 지방의원 유급제를 전면 부정하기도 하였습니다. 개정법률안은 지방의회와 의원의 현실과 주민들의 인식을 고려한 어떠한 흔적도 보이지 않은 채 유급제만 동그마니 들어가 있기 때문에 국민들이 그 법안을 이해할 기회를 차단했기도 합니다.

지방자치법 개정 논의는 주민들의 지방의회와 의원에 대한 인식을 확인해보는 큰 계기가 되었습니다. 지방의원 유급제에 대한 주민들의 반대 의견을 보면 얼마나 지방의원들이 불신을 받고 있는지 새삼 놀라울 따름입니다. 의원들은 지방자치제도가 만들어놓은 지방의 새로운 특권층으로 무위도식하며 비리와 부정만 일삼는 불필요한 존재들이라는 인식이 너무도 강하게 깔려 있는 것을 볼 수 있었습니다.

그러나 주민들은 1991년 이후 지방자치의 변화를 실감하지 않을 수 없는 경험들을 하였습니다. 그 변화는 무엇보다 지방행정이 투명해진 것과 공무원들의 헌신적인 대민 서비스, 지방자치단체와 동네가 나날이 변화·발전해온 모습입니다. 또한 개인의 힘으로는 불가능할 것 같이 여겨졌던 공익적인 사업들이 의원들의 협조로 빠르고 순조롭게 진행되는 것을 보았고, 행정권력으로부터 받은 부당함도 의원들의 개입으로 해소되었음을 부인할 수 없을 것입니다.

그러면서도 주민들에게는 지방의원들의 역할을 폄하하고 가볍게 취급하고 싶은 의식의 일단이 있습니다. 주민의 일원으로서 지방의원들은 주민 자신과 비슷하거나 혹은 더 못하기도 한 사람들이라는 시각 때문에 선출직임에도 불구하고 권위가 없습니다.

그런 사람들에게 사회적인 특권과 함께 유급제라는 경제적인 혜택을 자신의 손으로 안겨준다는 것이 주민들은 내킬 리가 없습니다. 그리고 지방의회의 활동에 대한 체질적이기도 하고 의도적이기도 한 무관심이 의원들에 대해 상투적인 평가를 확대해왔습니다. 지방의원들의 기대에 못 미치는 활동이나 자질의 문제는 그 다음 문제입니다.

주민들이 지방의원들에 대해 불만족하고 평가절하했던 속에서도 그들을 참고 봐줄 수 있었던 것은 그나마 지방의원이 보수가 없는 명예직이었기 때문이었는지도 모릅니다. 그들이 아무리 명예직이고 지역 안에서 특권을 누리는 것같이 보여도 보수가 없다는 그들의 공식적인 위치에 상대적인 안심이 있었습니다. 사실 주민들은 자기들이 아는 범위 안에서 지방의원들에게 지급되는 금전적 혜택에 대해 아주 민감하고 비판적입니다. 대표적으로 의원들이 해외연수를 가거나 타지역을 시찰하는 것에 대해 반응하는 것이 그렇고 의원들이 비리에 다 연결되어 있을 거라고 믿으면서 의회의 존폐를 논하는 것이 그렇습니다.

자본주의 사회에서 보수는 그 일의 가치를 대변합니다. 아무리 공적인 일이고 명예스러운 일이라고 해도 자원봉사직이 아닌 한 금전으로 그 일의 가치를 매기게 되는 것은 자본주의 사회의 가치관입니다. 지방의회도 다른 어떤 직업처럼 그 구성원인 의원들이 받는 보수에 따라 자격이 확보되고 권위가 생기는 현장입니다.

처음부터 10년 가까이(지방의원들의 수당을 조금 인상한 것은 2000년 1월이었습니다) 지방의원들이 최저생계비에도 미치지 못하는 수당을 받고도 나름대로 권위를 확보해온 것은 행정사무 감사와 예·결산 심의를 함으로써 의회와 집행부의 관계에서 얻어진 권위이지 지방자치라는 이상적인 제도를 시행해가는 도구로서 주민들 사이에서 확보한 것은 아니었습니다. 일반적이고 보편적인 의회와 의원의 권위와 지위는 가장 먼저 그들의 경제적·법적 지위에 의해 형성되는 것입니다.

지방의원이 지방자치법에 명시된 적지 않은 기능을 수행하면서도 주민들한테 받는 인식은 자신들이 받는 수당만큼의 일을 하는 존재들이라는 것이었습니다. 처음부터 법 개정 이전까지 유지되어 온 최저생계비와 맞먹는 수당 말입니다. 의원들이 아무리 헌신적으로 지역을 돌보고 성실한 회의로 집행부의 전횡을 예방하고 지역사회 문제에 최고의 조정과 협조 역할을 한다고 하더라도 그 모든 가치는 몇 십만 원어치에 불과하다는 계산을 주민들은 은연중에 하고 있었습니다.

의원들은 자기들이 받는 몇 십만 원 이상의 일은 하지 않을 거라는 인식들이 자본주의 사회 사람들의 경제감각입니다. 심지어 주민들은 그 값도 하지 않고 빈둥거린다고 생각되는 의원들을 더 많이 거명할지도 모릅니다. 주민들에게는, 서로 봉사하겠다고 나선 사람인 지방의원들을 가만히 앉아 부려보고, 지방자치제도는 그렇게 저비용으로 되면 좋은 것이고 안 되어도 크게 문제될 것 없다는 생각이 있습니다. 이것이 주민들의 지방의회와 지방자치제도에 대한 기본적인 시각이었습니다.

지방자치법이 개정되고 제도가 실시되었던 1991년 당시부터 의원들의 활동비 지급을 중심으로 지방의회 구성에 대한 논의를 진지하게 했어야 하지 않나, 그리고 지방의원들의 기능과 책무를 우리 현실에 맞추어 재규정했어야 하지 않나 하는 아쉬움이 매번 남습니다. 그러나 지방자치제도의 법제화 과정에 대해 이런 아쉬움과 불만족을 갖는 것이 전적으로 무익하다고 볼 수 있는 것은 만약 그런 고민이 국회의원들에게 있었다면 그 당시에 지방자치제도 실시는 불가능했을 것이기 때문입니다. 그때나 지금이나 법 개정이나 제도 실시의 핵심에는 국회의원들의 이해관계가 있습니다.

우리에게 지방자치제도가 얼마나 필요한가

　지방의원 유급제 논의는 지방의회와 의원들에 대한 관심을 지방자치제도 실시 이후 최고로 높여 놓았습니다. 사람들은 논의의 핵심을 잘 파악하고 있고 그 대안과 보완책도 합리적으로 제시하였습니다. 유급제에 대한 국민들의 반대가 심해지면 국회의 개정 법률안 상정이 늦춰지지 않을까 하는 예상도 있었지만 지난 12년 동안 끌려오던 것을 석 달 만에 처리한 것을 보면 국회의원들이 어지간히 다급해도 다급했던 모양입니다.

　학계와 시민단체, 그리고 주민들은 처음부터 유급제 법안을 내놓고 반대했습니다. 그러면서 유급제 시행이 가능해질 것같이 보이자 보완책을 내놓으면서 어떻게든 국회의 안대로 시행되는 것을 막아

보려 애를 썼습니다. 그것은 물론 비용의 문제였습니다. 그 많은 의원들을 세금으로 먹여 살린다는 것이 용납되지 않았던 것입니다. 게다가 그 가운데 활동비를 받을 자격이 있는 의원이 얼마나 될까를 헤아리자면 머리가 아플 지경이었습니다.

당사자인 지방의원들도 왈칵 반기는 기색만은 아니었습니다. 그들은 실질적으로 유급제보다 정책보좌관제가 더 실효성 있고 국민들의 비판적 시각도 잠재울 수 있다고 생각했습니다. 지방의원이 제 역할을 다하기 위한 방편으로서 유급제 시행이라면 지방의원의 활동을 가로막는 여러 요인들, 예를 들면 연구시간이 부족하다든가 전문지식이 취약하다든가 정보와 자료 수집에 제약이 있다든가 하는 것들은 정책보좌관제로 충분히 해소될 수 있을 것이라고 그들은 말했습니다.

사실 무보수인 것이 의회의 활성화나 의원들의 의정활동에 크게 영향을 미치지는 않았습니다. 무보수이기 때문에 의원들의 자질이 떨어진다거나 의원들이 할 일을 하지 않는다는 확실한 근거가 없습니다. 그리고 무보수이기 때문에 의원들이 부정한 일에 개입한다라는 것도 정확한 주장은 아닙니다. 비리에 연루된 의원이 다 가난한 의원이 아니라는 것을 보면 압니다.

또한 보수가 현실화되었다고 해서 그동안 잠재되어 있었던 능력 있는 시민들이 의회로 쏟아져 나온다는 보장도 없습니다. 무보수의 현실 속에서도 현재까지 상당히 다양한 성분의 사람들이 지방의원으로 활동하였습니다. 그리고 문제 의원으로 대표되는 단체장이나 공무원과 유착되어 있는 자영업자들, 혹은 무능한 토호 유지들이 출마하지 않을 리도 없습니다. 유급화는 지방의회의원 선거를 더욱 경쟁적으로 만들어 주민들의 선택의 폭을 넓혀줄 수는 있을 것입니다.

지금의 선거법만 잘 준수하면 의원들이 임기 중에 크게 돈 들 일도 없습니다. 전업 의원들의 생계 문제는 무시할 수 없습니다만 지금처럼 한 달 평균 7~8일의 회기에 겸업이 가능한 제도에서 의원들이 생계 문제를 걱정하는 것은 가장으로서 무책임하고 불성실한 소치이기도 합니다. 전적으로 의회 일에 종사하느냐 그렇지 않느냐는 자신의 형편에 따른 선택이어야 하기 때문입니다. 생업을 가지지 않는 의원은 없지 않을 것이나 그 이유가 의회 일에 전념하기 위해서는 아닐 것입니다.

의원들이 활동비가 많이 든다고 푸념했던 것은 그들의 정치적 입지를 위한 필요 이상의 경비로, 그것은 모든 면에서 지방자치제도의 발전에 역행하는 것입니다. 차라리 정책보좌관을 두어 의원들의 의정활동을 돕는 것이 훨씬 실효성이 있다는 말에 일리가 있습니다. 그리고 지역사회 전체에 걸친 정책 결정과 조례안 심의가 주된 기능인 의회에서 의원에게 필요한 것은 전문성보다 여러 집단과 계층들의 이해를 공익적인 안목에서 조정하는 역할, 또 공청회 등을 수시로 개최하여 민주적인 합의구조를 만들어 줄 줄 아는 개방된 자세일 것입니다.

유급화를 반대하는 의견들은 유급화의 몇 가지 전제를 달고 있었는데 그 대부분은 유급화가 시작된 지금부터 더욱 유효합니다. 그 전제 중에는 선거구 조정으로 의원 수를 대폭 축소하고 자치단체의 재정 여건에 따라 그리고 의원들의 지위와 역할 및 직책에 따라 보수를 차등화하라는 것이 있었습니다. 의원들을 철저히 감시하는 주민참여제도를 도입하라는 요구와 정당의 공·내천 관행을 없애라는 것도 선결 조건으로 제시되었습니다.

이 가운데 지방의회가 중·대선거구로 가야 되는 것은 가장 절실한 과제입니다. 중·대선거구제도야말로 동네 의원, 그리고 정당에 줄서기 하는 의원의 현실을 개선해줄 수 있는 유일한 대안입니다. 그러나 중·대선거구제 논의야말로 국회의원들의 이해와 가장 밀접하게 관계된 문제이기 때문에 앞이 보이지 않는 것이기도 합니다. 그들은 4년 내내 중·대선거구제를 논의하다가 지방의원 선거를 몇 달 앞두고 무산시키곤 했던 사람들이니까요. 거기에 정당의 공·내천제 폐지도 어떻게 현실적으로 가능할지 미지수입니다. 입법자인 국회의원들은 국민들이 생각하는 것보다 훨씬 조직적이고 치밀하게 자기들의 이익을 지키고 있기 때문입니다.

유급화 실시를 반대했던 이 의견들은 지방의원들의 활동비 지급에 대해 동의하면서 그 합당한 산출을 얻겠다는 주민들의 권리의식을 표출시킨 것이기도 합니다. 하지만 여기에서 학계나 시민단체, 주민들을 포함한 국민들의 지방자치제도에 대한 인식을 짚고 넘어가지 않을 수 없습니다.

사람들은 지방의회를 중앙 정치의 하위구조라고 생각하며 중앙 정치인과 지방 정치인의 역할과 활동에 엄격하고도 심한 차등을 두고 있습니다. 그것은 또한 중앙 정치인에 대한 이중적 사고이기도 합니다. 국회의원들이 무능하고 불성실하고, 또 권력을 남용하여 국정을 혼란시키는 주범이라고 비난하면서도 그들이 받는 활동비와 모든 금전적인 지원에 대해서는 모르거나 혹은 당연시하고 있습니다. 국민들은 중앙 정치인의 위상에 대해 환상을 가지고 있는 것입니다. 그런 환상이 정치인들을 제대로 평가하지 못하게 하고 그들과의 거리를 당연한 것으로 만듭니다.

국회의원들이 받는 활동비를 일컫는 '세비'는 원래 의회제도의 모국이라 할 수 있는 영국에서 사용한 말로 의원들에게 준 연구비와 회의 참석시의 숙식비, 교통비 등의 실제 경비를 일컫는 말입니다. 그것을 세비라고 한 것은 특별하고 명예직인 귀족 의원에게 경비라는 말은 어울리지 않다고 보았기 때문입니다. 그런데 우리나라 국회의원들이 실비를 뛰어넘어 보수 차원의 액수를 지급 받으면서도 세비라는 용어를 쓰는 것은 국민들을 기만하고 호도하는 행위라고 보아야 할 것입니다. 거기에 국회의원들은 후원금을 모집할 수 있는 유일한 정치인이기도 합니다.

지방의원들의 유급화 필요성을 따지기 이전에 지방의회의 역할이 얼마나 정당하게 평가받고 있으며 지금 우리나라에 지방자치제도가 과연 얼마나 필요한 것인가 하는 인식의 정리부터 했어야 합니다. 지방자치제도를 통해 달성시키고자 하는 목표에 이르기 위해서는 얼마만큼 지방의원의 역할이 필요하며 또 얼마만한 투자가 있어야 하는지 계산을 했어야 하는데 사실 그 계산은 결코 어려운 것이 아닙니다. 그리고 지방의회와 의원의 기능과 역할을 국회의원의 그것과 공정하게 비교해보아야 할 것입니다. 국회의원들의 개인적인 자질 시비가 그들의 세비에 영향을 줄 수 없는 것처럼 지방의원들의 활동성과나 자질도 활동비 유급화의 전제조건이 되어서는 안 되는 것이었습니다.

지방의원들에게 법에 정한 대로의 보수가 지급되면 주민들의 의회에 대한 감시도 아주 치밀해질 것입니다. 그리고 의회의 결정에 대한 세세한 비판과 지역 사업에 대한 요구와 민원도 상당한 폭으로 늘어날 것입니다. 주민들의 그러한 참여와 개입은 자연스럽게 의원들의 성실성을 향상시키고 의회의 기능을 활성화시킬 것입니다. 그 가운데 이전까지보다 훨씬 빨리 그리고 정확하게 의원들의 자질이 가려지고 능력이 검증될 것입니다. 그것이 바로 주민의 세금을 쓰는 사람의 처지이기도 합니다. 더불어 지방의원들의 유급화를 그렇게 심각하게 생각했듯이 국회의원들의 세비에 대해서도 똑같은 관점에서 바라보고 비판하는 유권자 의식이 주민들에게 절실히 필요한 것은 말할 것도 없습니다.

단체장은 지방자치제도의 가장 큰 수혜자

지방자치제도의 성과와 한계를 말할 때 단체장에 대한 평가처럼 혼란스러운 것도 없습니다. 단체장까지 주민들이 선출하면서 비로소 지방자치제도가 그 형식을 갖추게 되었다고 말하면서도 해를 거듭할수록 부각되는 선출직 단체장과 임명직 단체장의 차이를 무시하지 못하게 된 것입니다.

이에 조금 과감한 사람들은 단체장만큼은 임명직으로 되돌려야 한다고 주장하기도 하는 반면, 단체장을 임명직으로 하면 지방자치제도는 후퇴하는 것이라는 원론적인 입장을 고수하는 사람들도 적지 않습니다. 그러면서도 선출직 단체장의 더 많은 문제점을 시인하기는 마찬가지입니다. 그러니까 단체장의 지위를 어떻게 하는 것이 좋겠느냐 하는 것은 찬반의견이 대립적으로 나타나는 것이라기보다는 지방자치제도에 관심이 있는 사람이 가질 수밖에 없는 딜레마가 되었다고 볼 수 있습니다.

선출직 단체장들은 정치인으로서 지방자치제도의 가장 큰 수혜자이면서도 또 그 발전을 어렵게 하는 한 요소라고도 볼 수 있습니다. 단체장의 입지에 대한 근본적인 문제의식이 자꾸 확산되는 데에는 지방자치제도가 발전하는 과정에서 있을 수 있는 과도기적인 현상이라고만 보아 넘길 수 없는 단체장 자신이 만들어낸 폐단이 분명 있습니다. 그들이 어느 임명직보다 주민을 위해 부지런히 일하는 것 같아도 그들 역시 정치인이기 때문에 결국 지역과 주민은 그들의 정치적 입지를 위한 수단에 불과하다는 인식을 배제할 수 없는 사례들이 넘쳐납니다.

선거에서 당선될 수 있는 단체장의 정치적인 능력이 지방자치단체를 책임지고 운영해갈 수 있는 기본적인 자질보다 우선하게 될 때, 단체장을 봐줘야 하는 주민들의 고통이 시작됩니다. 임기 내내 차기 선거를 준비하거나 중앙 정치판을 기웃거리는 단체장의 행보와 예산의 집행에 주민들은 편할 리가 없습니다.

단체장이 선출직이 되면서 정치논리에 의한 개발사업 추진 등이 무분별하게 진행되어온 사례들이 줄을 잇고, 또 정치인들한테서 볼 수 있는 여러 문제점들이 단체장에게서도 속출하고 있는 것을 주민들은 벙어리 냉가슴 앓듯 지켜보아야 합니다. 어느 새 단체장은 어느 정치인보다도 주민의 눈앞에 자주 나타나 거리감을 없애면서 '아는 사람'이라는 친밀한 관계를 형성했습니다.

도로와 운송 수단의 발달로 작은 도시들의 산업구조가 갈수록 약해지고, 따라서 재정 자립도 역시 취약해질 수밖에 없음에도 불구하고 단체장들은 자기 지역 안에서 자급자족이 이루어져야 한다고 생각하는 것 같습니다. 산업과 정치의 발달상 중앙의 조정이 더욱 필요할 뿐만 아니라 국토도 협소하여 공동체 의식도 잘 살아 있건만 단체장은 지방자치단체를 봉건시대의 장원처럼 만들려고 하는 의식들이 있습니다. 현실로 나타나는 것으로도 단체장은 봉건영주와도 같이 지자체를 장악하고 또 황제와도 같이 예산을 쓸 수 있는 존재가 되어가고 있습니다.

처음부터 예견했던 사태이고 지금 그 우려가 현실로 가시화되어 버린 월드컵 경기장 활용의 문제는 단체장들의 '나서기 경쟁'의 산물임에 분명합니다. 그리고 지하철이나 노면 전철 등 대규모 투자 사업에 사생결단식으로 덤벼드는 것도 도박과도 같은 정치력 과시로 치적주의의 맹신에서 비롯된 것이라 할 수 있는 것들입니다. 모든 것에 도전하고 얻어내 보여야 한다는 민선 단체장의 운명적인 강박관념은 지역의 균등한 발전을 지해하고 국가의 조정 역할을 무산시키는 근본 원인이 되기도 합니다.

국가 보조금을 얼마나 받아올 수 있느냐 혹은 대규모 국가 재정 사업을 유치할 수 있느냐가 단체장의 능력을 검증하는 척도처럼 되어 단체장은 어떻게든 보조금이나 특별교부세를 원합니다. 물론 보조금이나 특별교부세는 지자체를 위해 쓰게 되어 있는 정부의 예산이지만 단체장이나 국회의원에게 시달려 장관들이 무책임하고 성의 없이 던져준 그런 작은 보조금들은 지역 안에서는 계획적인 예산 집행을 못하게 하는 애물단지가 되곤 합니다.

　　예를 들면, 하나의 공공 건물을 지으려고 할 때 정부 보조금은 총예산의 몇 퍼센트(10%에서 최고 50%인데 50%까지 보조금을 받는 경우는 드뭅니다)에 불과하고 그 나머지 경비를 자체 예산으로 충당해야 되기 때문에 보조금 사업이 많으면 많을수록 건전한 재정 편성이 어렵게 됩니다.

　　조금 특이한 경우지만 한 방송사와 '책읽기운동본부'가 추진하는 도서관 지어주기 사업에 선정된 순천시의 시의회가 5억 원의 자체 예산을 아끼기 위해 도서관 건립을 무산시킨 것을 이와 같은 맥락에서 볼 수 있습니다. 보통 지방자치단체에서 지으려고 하는 도서관의 총 건축비는 부지 비용까지 50억 원 정도 소요되는데 그 10%밖에 되지 않는 5억 원의 자비 부담과 운영비를 문제삼는 것은 얼핏 보면 시의회가 계산을 못 해도 너무 못한 것이라고 볼 수 있습니다. 그 도서관을 유치하기 위한 과정에서 단체장 자신한테만 초점을 맞춘 과대 선전, 그리고 장기적인 도서관 설립 계획을 치적주의로 흐트러뜨린 단체장의 행동들이 의회를 심히 자극한 결과인지도 모르겠다는 상상도 불가능한 것은 아닙니다.

국가 보조금을 종자돈으로 하여 공공 시설들을 많이 짓는 것은 한편으로는 긴축 재정을 운용하면서 결과적으로 지역 발전을 가져왔다고 보아줄 수도 있지만, 습관적으로 쫓기는 가계를 운영하면서 가족구성원들을 긴장시키는 주부가 결코 이상적인 주부는 아닌 것처럼 그런 성과 중심적인 단체장을 이상적이라 할 수는 없습니다. 게다가 단체장은 집안의 주부하고는 비교할 수 없을 만큼 구성원에 희생적이고 헌신적인 사람이 아니기 때문에 더욱 불안한 요소를 안고 있습니다.

또한 지방자치라는 자율적인 행정운영은 전국의 지방자치단체를 상품화하는 촉매제 구실을 하였습니다. 거기에 단체장들이 세일즈맨 역할을 톡톡히 하고 있습니다. 취약한 재정, 특출하지 않은 자연경관, 열악한 기업환경 속에서 지역의 역사나 전통에서 차별성을 살릴 수 있는 것을 개발해내는 것이 모든 단체장들의 과제가 되었습니다.

지역의 특성화가 과열되어온 지난 몇 년 사이 대한민국에는 지역의 특성이 사라질 정도가 되었습니다. 농지 개량과 품종 개량으로 전국의 어디에서나 맛있는 과일과 신선한 농산물을 먹을 수 있음에도 단체장들은 그것들을 특산품으로 상품화하는 데 예외 없이 앞장 서왔습니다. 재화를 벌어들일 수 있는 유형·무형의 모든 것들이 상품화되어 지역마다 문화상품 경진대회와 축제가 해마다 수십 개씩 열리는 것도 지방자치제도가 시작되고 볼 수 있게 된 진풍경입니다. 그 상품이라는 것도 엄청난 개발비만 들였지 이렇다 할 산출이 없는 거라는 결과가 거의 다 도출되었습니다. 과거에는 사회 교과서에서 지하자원과 지역을 연결시켜 외워야 했던 학생들이 이제는 지역의 농산물과 특산품까지 외어야 합니다.

그리고 지자체의 재정 수입을 확보해야 된다는 부담은 단체장으로 하여금 환경을 파괴하는 데 대한 면죄부를 준 것 같기도 했습니다. 어느 단체장이건 골프장 건설이 재정형편을 부드럽게 해줄 것이라는 데 이의를 달지 않습니다. 그들은 골프장 건설과 승인에 한껏 개방되어 있지만 환경단체들 때문에 마음대로 되지 않을 뿐입니다.

또 하나, 환경파괴의 명분은 세원 확보에만 있는 것이 아니라 주민의 권익을 챙겨주는 데에도 있습니다. 국민의 정부의 따뜻하기 이를 데 없는 그린벨트 해제 법령 선포 이후 단체장들은 토지주들과 함께 이마에 붉은 띠를 매고 그린벨트 해제에 앞장서왔습니다. 물론 주민들과 밀착된 단체장을 봐줄 수 없는 지방의원이나 국회의원 역시 함께 붉은 띠를 매지 않을 수 없습니다.

이렇듯 단체장은 지역 주민의 이기주의를 조장하고 동시에 피해

의식을 부추겨왔습니다. 단체장은 자기 이익에 철저하여 타협을 모르는 주민들의 눈앞의 이익을 대변하면서 차기를 보장받는 존재로 전락해가고 있는 것입니다.

지방의회가 단체장을 견제하지 못하는 이유

　지역과 주민을 자신의 정치적 성공을 위한 수단이 아니라 자신의 열정과 능력을 쏟아내는 목적으로 삼아 그들에게 봉사하면서 함께 해로하는 아름다운 단체장을 보고 싶어하는 것은 이상이고 꿈일까요?

　주민들은 의외로 너그러운 관점을 보이기도 하는데, 단체장은 정치인지라 자신을 선전하고 차기를 위해 조급하게 시행하는 사업들이 이런저런 오류를 낼 수도 있다고 적잖이 봐준다는 것입니다. 그러나 이러한 인식은 주민들의 권익과는 아무 상관이 없고 지방자치제도의 본질에서 비껴간 것으로, 목적이 불분명한 허위의식이라고밖에 볼 수가 없습니다.

여기에서 단체장의 전횡을 막고 집행부의 오류를 견제할 수 있는 기관으로 지방의회가 있다고 말할 수 있습니다. '견제와 협조'가 의회의 표상이 된 것만 보아도 단체장의 독주는 필연적인 것으로 전제되어 있기도 합니다. 그러나 그 견제와 협조에 있어서도 임명직 단체장과 선출직 단체장의 차이가 또 한 번 드러납니다. 임명직 단체장의 경우에 의회의 견제가 자유로웠는데 선출직 단체장과는 같은 정당 출신이라는 처지들이 의원들의 행동에 엄청난 제약을 주게 된 것입니다.

같은 정당이라는 것은 한 조직원이라는 친밀성만이 있는 것이 아니고 정치적 영향에서 자유롭지 못하게 되는 현실을 만들어냅니다. 동일한 지구당 위원장의 공·내천을 받는 단체장과 의원들은 정당의 당리당략에 공동으로 책임져야 한다고 정치화되어 있습니다. 의원들이 활발하게 움직여 단체장의 문제를 자꾸 들추어내면 그 단체장을 공천한 정당에게 책임의 화살이 돌아가는데 이는 중앙 정치에까지 영향을 미친다고 생각합니다. 결국 상대 정당에게 선전하고 공격할 빌미를 준다는 것입니다.

그리고 의회가 단체장의 정책을 문제삼고 제지시키려고만 하면 단체장은 자기들의 보스인 지구당 위원장에게 곧바로 이르고 도움을 청하는 일을 서슴지 않습니다. 지구당 위원장은 고민의 흔적도 없이 당명으로 의원들의 행동을 선회시키는데, 지구당 위원장한테 중요한 것은 시행착오를 거쳐 발전해가는 지방자치제도가 아니라 조직과 인간 관리입니다. 거의 국회의원이거나 중앙 정치인이라고 할 수 있는 지구당 위원장들에게는 지방자치제도에 대한 책임은 관념론에 불과합니다.

무엇보다 전횡을 하려고 마음먹은 단체장과 그를 견제해야 된다고 생각하는 의회의 형상이란 다윗이 골리앗 앞에 서 있는 형국입니다. 그런데 그 다윗한테 머리도 없고 또 새총도 없는 것은 말할 것도 없습니다. 단체장에게는 우수한 행정 인력과 막대한 세금의 집행권이 있습니다. 단체장은 정책 입안에서부터 집행에까지 온갖 여건을 활용할 수 있습니다. 그것은 수백에서 수천 명에 이르는 공무원들이고 또 세금으로 마음껏 활용할 수 있는 전문가 집단입니다. 모든 분야의 정부 출연기관에 산재해 있는 연구원들은 프로젝트를 제공하는 단체장의 이론적 무기가 되고, 지역에 있는 전문가 집단들은 여론을 주도하는 단체장 친위세력으로 역할하기도 합니다.

이에 반해 의회는 집행부가 제안한 정책에 맞설 수 있는 정보를 수집하거나 전문적으로 자문받을 수 있는 여건들이 취약하고 또 개별 행동을 함으로써 입장을 통일시키기가 어려운 조직입니다. 단체장과 공무원이 하나가 되어 정책과 사업을 밀어붙이기 위해 총력을 다하는 한편 의원들은 서로의 가치관이나 이해관계가 달라 의견이 분분해져 있는 것은 말할 것도 없습니다. 거기에 의회를 분산시키려는 공무원들의 노력은 정책 입안의 수고 이상으로 가열차게 진행됩니다.

특별히 연구 분석도 하지 않은 데다가, 그 정책의 결과 여하가 자신의 이해득실과 상관이 없고 또 단체장 이하 모든 공무원들이 밤낮으로 전화하여 봐주라고 애걸복걸하는데 그 정책을 반대하고 나서는 의원은 거의 존재하지 않습니다. 물론 그 가운데에는 단체장이 쥐고 있는 지역사업비가 필요한 의원도 있고 단체장과 호형호제하며 의회와의 거간꾼 노릇을 하는 의원도 있습니다. 이런 와중에서 의회가 단체장과 집행부를 견제하기란 너무도 어려운 일입니다.

가끔은 의회가 집행부에 대해 행동통일을 하기도 하는데 그것은 정책 대결이라기보다 잡들이기 차원의 권위 싸움입니다. 조금 영리한 단체장은 기꺼이 잡들여진 척 해주고 그것으로 의원들은 할 일 다한 듯이 손을 털어버립니다. 의원들의 특징은 뒤돌아보지 않는다는 것이기도 합니다. 그렇기 때문에 밀고 나갈 힘도 없게 될 수밖에 없습니다. 아무리 의회가 권위를 부린다고 해도 그것은 종이 호랑이에 불과합니다. 실익은 의회가 아닌 단체장의 집행부가 이미 다 가지고 난 뒤이거나 그렇게 되고 마는 것이니까요.

여기에서 단체장들의 독주를 단적으로 표현해주는 DAD는 단체장이 어떻게 의회를 무력화하는지 알 수 있게 해줍니다. 단체장이 법적인 권한 안에서 어떤 사업을 먼저 결정(Decision)하고 나서 공표(Announcement)를 합니다. 의회나 주민으로부터 반발이 일어나면 그때부터 방어(Defense)하는 것이지요. 이것은 가장 나쁜 지역 개발 기법의 하나로 후진국에서 관례처럼 이어져왔는데 바로 우리나라 지방자치단체에서 DAD 현상이 끝없이 나타나고 있는 것입니다. 그 최악의 경우가 방사성 폐기물 처리장 유치와 관련한 부안 군수의 행동이라고 볼 수 있습니다.

의회에서는 의회의 심의를 거치지 않았다는 이유로 이렇게 시작된 사업들을 충분히 중단시킬 수 있는 법적 권한이 있지만 이미 집행된 예산을 들먹거리거나 또 의회의 '무분별한 발목잡기'라는 역공세로 오히려 의회에 비난이 쏟아지게 됩니다. 예산의 일정액을 접대비로 사용하면서 언론 플레이의 명수로 거듭나는 것이 단체장인 데 반해, 대변인 제도 하나 없는 의회가 뭇매를 감당하는 것은 공동책임은 무책임이라는 자기최면 속에서 개인기에 열중하는 집단으로 다져지는 과정인지도 모르겠습니다.

의원들은 단체장의 DAD를 가장 잘 파악할 수 있는 존재들입니다. 해마다 하는 행정사무감사와 예·결산 심의를 앞두고 어쩌면 의회마다 똑같은 연찬을 반복하면서 경비만 낭비하곤 하는데, 행정학 교수들만 좋은 일 시키는 수면제 같은 연찬이 아닌 단체장의 DAD 사례를 모집하여 분석하고 대책을 세우는 자체 연수 기회를 가진다면 의회는 훨씬 달라질 것입니다.

단체장의 전횡과 독주에 불만을 가지고 있는 또 한 계급이 국회의원입니다. 아무리 단체장 공천에 지구당 위원장의 힘이 막강하게 작용하고 단체장이 지구당 위원장을 깍듯이 모시고 챙긴다고 해도 단체장과 지구당 위원장인 중앙 정치인은 정치적으로 경쟁적일 수밖에 없습니다. 단체장은 중앙으로 튀고 싶고 또 중앙 정치에 지친 지구당 위원장은 영주 같이 편하게 단체장을 해보고 싶은 마음도 굴뚝 같습니다. 중앙 정치인이 후원금이나 당비를 모아 어렵사리 활동하고 입지를 챙기는 데 반해 단체장은 세금을 물 쓰듯이 하면서 정치적 야망을 키울 수 있습니다.

　또 하나, 지역에서 단체장에게 치어 받쳐 골머리를 썩이는 국회의원들은 이미 단체장을 삼선 이상 못하도록 하는 선수 제한을 두자는 법 개정을 한 바 있습니다. 그 의도는 선수가 많아지는 단체장의 폐해를 차단시키자는 것이기 때문에 그러려면 모든 선출직들을 선수 제한하는 것이 나을 것이라고 반박할 수 있습니다. 그러나 엄밀히 보아 지방의회나 국회는 대의기관으로 선수 제한을 둘 수 없는 존재인데 반해 단체장은 대의기관이 아니기 때문에 선수 제한을 한다는 것이 영 언어도단만은 아닙니다.

　그럼에도 단적으로 말하자면 단체장의 임명직 전환은 지방자치 제도의 후퇴임에 분명합니다. 임명직이나 선수 제한 등 임의적이고 고식적인 방안은 단체장의 역할을 바로잡기에 아무 실효가 없는 것임에 분명합니다. 오히려 단체장과 중앙 정치의 고리를 차단시키는 것이 현재로서는 가장 시급한 대안이 될 것입니다. 그것은 지방의원과 마찬가지로 단체장의 공천제를 폐지하는 것입니다.

지방자치단체가 집행부와 의회의 상호 견실한 정책 대결과 엄정한 견제 역할을 함으로써 균형을 잡아가는 것이라면 그런 대결과 견제, 그리고 협조가 가능할 수 있도록 지방의원과 단체장의 구조적 공생관계를 차단시키는 것입니다. 의회가 당으로부터 아무 지령도 받지 않고 의회의 권위로써 단체장을 견제하는 것은 그리 어려운 일이 아닙니다. 의원들을 어렵게 하는 것은 정치적인 환경입니다. 정당의 공·내천 제도가 의원들이나 단체장 자신을 정치인이라고 강하게 인식하게 만들면서 단순하고 소박한 지방자치가 되는 것을 불가능하게 만드는 것입니다.

소설에서 지방의원의 존재

정치인의 생애와 정치적 사건을 다룬 문학 작품이 많습니다. 전기나 자서전도 있고 또 소설도 있습니다. 전기나 자서전이 알려진 인물의 업적과 사상을 부각시키고 감명을 주기 위한 것이 목적이라면 소설은 주로 정치적 음모나 국가적인 비리에 정치인이 개입된 내용들을 다루고 있습니다.

사실 전기물을 제외하고 소설에서 정치인들이 좋은 일을 하는 사람으로 묘사되는 일은 거의 없는 것 같기도 합니다. 그럼에도 정치인은 다양한 캐릭터로 창조되어 정치의 이면을 마음껏 보여주는 역할을 합니다. 소설 속에서 주된 인물도 아니고 스쳐 지나가는 사람에 불과하지만, '정치가는 저래' 하는 것을 확실히 알게 해주는 대목도 적지 않게 나옵니다. 그런 것일수록 정치인이라는 것이 국민의 생활과 아무 상관이 없다는 것을 풍자하는 것이 대부분입니다.

포리스트 카터가 쓴 『내 영혼이 따뜻했던 날들』에는 정치가라는 사람의 인상이 아주 재미있게 한 대목 묘사되어 있는데 한 장도 안 되는 분량이지만 정치가의 속성을 그 안에서 다 찾아볼 수 있는 것 같습니다.

> 말을 할 때는 악을 쓰듯이 큰 소리로 말하는 사람. 남의 욕을 공개적으로 하는 사람. 생활의 중요한 부분에는 관심도 없는 사람. 그러면서도 굉장히 바쁘고 정신이 없는 사람. 다른 사람을 위해 자기는 어쩔 수 없이 일을 한다고 말하는 사람. 삼척동자도 알고 있는 것을 모르는 사람. 신념이나 종교가 다른 사람을 악마 정도로 인식하는 사람. 무더위 속에서도 검은 양복과 넥타이를 매고 다니는 사람. 여자와 운전기사를 달고 다니는 사람. 끝없이 악수를 하는 사람. 그러나 유권자가 아니면 절대 손을 내밀지 않는 사람….

1800년대라는 시대적 배경이지만 어쩌면 지금의 정치가들의 모습과 별반 다르지 않다는 것이 놀랍습니다.

한편 지방 정치인인 지방의원들은 문학 작품에서 어떤 이미지를 구성할까요? 지방의원의 존재는 중앙 정치인만큼 화끈하게 인식되어 허구의 진실을 만드는 데 크게 기여하지는 않습니다. 그들은 정치와 사건의 전면이 아니라 후면에 있는 사람들이라 흥미를 끌 만한 권력의 오용도 없고 사회와 지역에 거대한 피해를 주지도 않기 때문일 것입니다. 그리고 그들은 이웃이기도 하여 그들의 이야기를 확대시켜봐야 너무 평범한 결말만 나와서인지도 모릅니다. 소시민의 다양한 삶을 전하는 것이 목적이 아니라면 지방의회나 지방의원은 흥미로운 소재는 아닙니다.

그러면서도 독립된 캐릭터는 아니더라도 지방의원들 역시 사회를 구성하는 하나의 계층으로 소설 속에 조금씩 비치지 않을 수는 없습니다. 1800년대 후반이나 1900년대 중반까지가 시대적 배경이 되는 미국의 소설들에는 지방의원이 살짝살짝 나오는데 강이나 나무, 잡화점보다 큰 역할을 하지 않습니다. 다만 이웃에 존재하니까 집어 넣어주는 정도입니다. 그러나 지방의원이 하는 일은 비슷합니다. 사람들의 속도 모르고 자기들끼리 무언가를 회의하여 큰 일을 내고 마는 사람들입니다.

『사랑보다 깊은 세상』이라는 『후라이드 그린 토마토』와 같은 전형적인 미국 남부 소설에서 지방의원들은 그 소설의 원제목이 되는 '콜드새시 나무'를 도로를 확장하기 위해 베어내자고 결정하였습니다. 이 나무는 이 재미있는 소설의 배경이 되는 '콜드새시' 마을의 당산나무 같은 것이었습니다.

소설은 아니지만 지방의원들의 이미지를 가장 잘 드러내주는 것은 『월든』입니다. 부도덕한 노예제도와 전쟁에 항의하는 뜻으로 납세를 거부하여 구금되기도 했던 소로우의 날카로운 시선에 잡힌 지방의원의 모습 역시 특별하게 무슨 일을 하는 것으로는 전혀 비치지 않습니다.

> 그들(빈민구호소나 다른 데 사는 머리가 좀 모자란 사람들) 중의 몇 사람은 시의원들보다 실은 더 현명한 사람들이라는 것을 깨달았다⋯⋯. 주의회 의원들도 소년 시절에는 낚시질은 갔으므로 어렴풋하게나마 호수를 기억하고 있다⋯⋯. 주의회가 이 호수에 관심을 갖는다면 그것은 주로 이곳에서 사용되는 낚시바늘의 수를 제한하자는 것일 것이다⋯⋯. 시의원 나리가 바다거북 요리를 대할 때 갖는 탐욕스러운 식욕은 한 청교도가 통밀빵을 대하는 자세에서 발견될지도 모른다.

이 글을 유추 해석해보면 다음과 같은 몇 가지 결론이 나올 것 같습니다.

지방의원은 우리와 같은 추억과 체험을 가지고 있는 사람이라는 것, 그들은 그렇듯 평범하고 한 지역사회의 자원을 공유하는 사람들인데 갑자기 특권층처럼 행세를 한다는 것, 그들은 남들이 먹지 않는 최고급 요리를 먹으며 갈수록 탐식가가 된다는 것, 그들은 무언가 일을 한다고는 하는데 이상한 규정과 제도를 만들어내어 사람들 삶을 혼란스럽게만 한다는 것, 결국은 그들은 누구보다 어리석은 짓들을 하는데 자신들만 모른다는 것 등입니다.

이것 역시 100년이 넘은 시대, 그것도 남의 나라의 사람 이야기지만 조금도 생소하지가 않고 난해하지도 않습니다. 우리 주변에서 움직이는 지방의원들도 바로 이런 모습으로 표상될 수 있는 것은 시간문제라는 생각도 하지 않을 수 없습니다.

VI. 지방자치단체와 시민단체

모든 생물의 본바탕은 자기중심적이다. 그러나 인간이라는 생물은 관심의 중심을 자기 자신에게서 어떤 궁극적인 실체로 옮겨놓는 것이 삶에 주어진 사명이다. 그것이야말로 인간 운명을 진정으로 실현하는 것이다.

—아널드 토인비

지방자치단체 속의 시민운동가

　반독재 민주주의운동이 80년대 후반부터 학원 밖에서 조직화하고 세력화해간 것이 시민운동단체들이었는데 시민단체들은 1998년 그 운동방향을 재정립하고 활동목표를 다시 설정하지 않을 수 없는 국가 사회적인 변화를 맞게 됩니다. 군사독재정권으로부터 물려받은 문민정부가 끝난 뒤의 50년 만의 정권교체는 야당 정치인들과 정치적인 목적이 같았던 시민운동단체에게 '새 하늘과 새 땅'의 희열을 안겨준 것입니다.

　군사정권 속의 투사들은 당연히 운동단체에 남아 국민의 정부를 도울 채비와 지원받을 기대를 크게 하고 있었지만 국민의 정부는 소수인 그들보다는 소위 관변단체의 동원력이 더 필요했습니다. 시민사회단체간에 그때까지 팽배했던 빈익빈 부익부 현상은 오히려 가속되는 듯했습니다. 국민의 정부는 시민사회단체 활동 지원으로 유례 없는 40억 원 가량을 한 해 예산으로 책정했지만 결과적으로는 수십 년 동안 관변이라는 손가락질 속에서 살을 찌웠던 '새마을운동협의회'와 '바르게살기운동협의회'가 여전히 더 많은 양의 예산 지원을 받았고 시민운동단체에 대한 대우는 문민정부 시절과 큰 차이가 없었습니다. 운동단체들은 당황했습니다. 같은 편을 비판하기란 정치적으로 너무 어려운 입장 속에서 비판의 시점을 잡아야 하는 것인지 참아야 하는 것인지 모르는 사이 시간은 흘러갔습니다.

국민의 정부가 전국민의 지지를 얻으려고 노력하면서 한 식구나 다름없는 운동단체들을 홀대하는 동안 지방의 단체장들은 운동단체를 시민의 대표세력으로 대우하면서 그들과 공존할 전략을 시행하고 있었습니다. 처음에는 관변단체나 직능단체를 지원하기 위해 편성한 예산으로 시민단체들의 사업비를 보조하다가 갈수록 민간위탁사업비의 비중을 늘려 그것을 시민단체들에게 나누어주곤 하였습니다. 해외연수에도 동행시켰고 행정의 자문위원으로 초청하거나 온갖 심사를 그들에게 맡기기도 하였습니다.

사회로 나온 운동권 활동가들은 어느덧 기성인 반열에 올라서면서 시민운동가로서 하나의 계층을 형성했는데 그들에게 시민운동은 사회적 지위이면서 벌이는 적지만 자유를 구가할 수 있는 직업이 되었습니다. 그들은 민주화운동의 경력을 달고 온갖 사회문제에 대해 교육을 시키고 훈수를 두는 것에 재미를 붙였습니다. 방송과 언론의 주요 패널리스트가 되거나 지역의 모든 문제에 대해 논평하면서 사회인사로 대접을 받습니다. 그들은 다른 전문적인 능력이 없지만 명예롭게 지내고 있습니다.

그들은 자신들이 세속적인 혹은 현실적인 밥벌이를 하지 않는다는 이유로 최고로 도덕적이고 공정하고 투명하다고 믿습니다. 그래서 자신의 철학, 인생관, 소위 방향성만 가지고도 이 사회의 아둔하고 혼란스러움을 적시하며 가르마 탈 수 있다고 확신합니다. 그리고 이 사회는 그들에게 무엇이든 나누거나 베풀어야 된다고 생각합니다. 물론 그들이 이 사회에 나눌 수 있는 것의 실체는 없지만 그들의 존재와 의식 자체가 사회의 귀중품이라고 생각합니다. 그들은 끝까지 현 자유시대 민주사회의 채권자이고 나머지 사람들은 채무자로서 그들의 일에 대한 후원은 의무이고 후원을 요구할 수 있는 권리가 그들한테 있다고 생각합니다.

그들에게 인간과 사회를 분석할 수 있는 '원칙'이 있는지는 모를 일입니다. 평범한 시민들조차도 그들의 이중성과 정치성을 파악하고 종종 언급하는데 그들은 절대 그런 평가를 인정하지 않습니다. 그들은 일반 시민들의 자신들에 대한 비판을 용납하지 않습니다. 시민들은 너무 평범하고 시대의 어부지리를 취한 사람이기 때문입니다. 무엇보다도 그들은 자신들이 언론이나 방송을 통해 사회와 인간에 대해 그래왔던 것처럼 알뜰하고 치밀한 비판을 받아보지 않았습니다. 그리고 그들은 결코 그 자신들에 대해서 발언하지 않습니다.

그들은 사회의 모든 현상, 제도와 정책, 사람에 대해 비판하고 대안까지 가르쳐주지만 자기들의 조직과 조직원의 문제에 대하여는 절대 함구합니다. 또 하나 함구하는 것은 공익적인 일에 쓰라고 지원을 선뜻선뜻 해주며 그들을 '공정하게' 대우해주는 단체장에 대해서입니다. 시민단체들이 보통 금단 없는 비판을 하여 지자체의 사업에 대해 반대도 하고 시위도 하는 것 같지만 거기에는 절도가 있습니다. 시민단체에 대해 냉소적인 단체장과 우호적인 단체장이 벌이는 사업에 대해서 그들은 철저히 차별을 두는데 그것은 의도성이라기보다는 자기들이 깨달을 수 없을 정도로 내면화된 이중성이라고 할 수 있습니다.

그들은 광역과 기초단체의 단체장이 주는 돈으로 별 실익도 없고 인간미도 없는 행사를 무수히 생산해냅니다. 그들은 공인과 민간인, 기업과 단체를 막론하고 특혜에 민감하고 그것을 인정하지 않습니다만 자기들과 연관한 금전은 모두 공정하고 공익적이라 생각할 뿐입니다. 그들은 '자치단체의 업무 대행'이라는 민간단체 보조의 취지에 자기들의 활동만이 부합된다고 믿습니다. 그들은 서로 교차하여 무슨 사업을 따낼지 모르므로 성분이 같은 다른 조직을 비난하지 않고 참고 견뎌내야 합니다.

조직이 인간 위에 있기 때문에 절차를 위해 두세 달의 시간도 허비합니다. 자기 조직의 이름이 드러나지 않을 성싶으면 다른 기관과 함께 몇 달씩이나 준비한 일도 한 순간에 무산시킬 수 있습니다. 조직끼리 연대하여 힘을 강화하기도 하지만 성분이 같아도 만만한 조직이나 개인은 가차없이 왕따도 만듭니다.

그들이 간간이 환경에 대해서나 저소득층, 장애우, 여성들을 위해 좋은 일을 하는데, 그들은 그들만이 좋은 일을 하고 있다고 확신하며 성분이 다른 단체들이 행하는 같은 목적의 사업을 배척하고 평가절하합니다. 그러나 뿌리가 같다고 볼 수 있는 운동단체들 사이에서도 갈수록 단체들 사이의 보조금 확보 경쟁이 치열해지고 국가 지원사업을 유치하거나 지역 사무실을 확보하는 것에 활동력 아닌 정치력을 동원하는 것은 비슷비슷합니다.

그들은 너무도 민주적이어서 모두가 평등합니다. 그들에게 어른으로 대접을 받는 사람들은 극히 한정되어 있는데 그들과 함께 투쟁을 하였거나 과거 수배시절에 그들을 도와준 선배들입니다. 그들이 지역의 원로들이나 인사들을 그 지위와 나이에 비추어 대접하지 않는 것은 당당하고 민주화된 의식이라고 생각합니다. 예의와 비굴함을 동일시하고 있기 때문이겠습니다.

그들은 이제 시민단체라는 조직원이 되어 조직논리에 의해 비생명적으로 움직이고 있습니다. 그들은 조직 안에서 안전하고 자랑스러우며 만족합니다. 그들은 그 안에서 여전히 서로 동료적 재미를 주고받는 동지이고 서로 봐주는 선후배입니다. 그들의 순수성과 도덕성은 다른 어느 기성인의 과정처럼 청년기를 벗어나면서 퇴색했고 철저한 자기 관리를 이루어내지 못하는 기성세대의 한 사람이 되었을 뿐입니다.

이제 사회생활에서 위치와 권위를 찾았다고 생각하는 기성인인 그들은 거의 대부분 정치에 뜻을 두고 있습니다. 전력으로 보거나 원칙성과 도덕성으로 보아, 그리고 사회개혁의 의지로 보아 다른 어떤 사람보다 정치인의 자질과 자격이 있다고 믿기 때문에 정치에 대한 관심은 자연스러운 흐름이기도 합니다. 정치판을 바꾸려는 시대적 사명을 가지고 정치인이 되기 위해 동분서주하고 있는 그들의 모습을 우리는 너무도 많이 볼 수 있습니다.

NGO, 지방의회, 단체장

국민의 정부 시대가 무르익어가면서 시민운동단체는 '시민' 자와 '운동' 자를 빼고 'NGO'라고 스스로 고쳐 명명하기 시작하였습니다. 정부와의 관계에서나 시민과의 관계에서 시민운동이라는 표현보다는 NGO라고 하는 것이 거스름이 없고 채도가 부드러워서인지 모르겠습니다. 그리고 시민운동의 세계연대 차원에서도 국제적인 용어인 NGO를 사용하는 것이 훨씬 의사전달이 수월할 것입니다.

그러나 한편 우리나라와 같은 역사의 시민운동단체가 시민운동단체를 표현하는 다른 국제적인 용어를 놔두고 구태여 NGO를 선택한 것은 오지랖을 너무 키운 것이 아닌가 하는 생각이 들지 않을 수 없습니다. 시민사회단체를 말하는 '비정부기구'(NGO)라는 용어는 정부 중심의 인식에서 그것이 아닌 민간단체라는 위치를 표현한 것이라고 아니 볼 수 없기 때문입니다.

NGO로서 시민단체들은 정부와 지방자치단체의 모든 정책과 사업에 관심을 갖고 개입해 들어가기 시작해 입안 과정에서부터 시행에까지 공동으로 책임지는 존재로까지 되었습니다(여기에서는 NGO라는 용어 대신 시민단체라고 계속 쓸 것인데 모든 민간단체를 망라한 NGO가 아닌 앞글과 같은 맥락에서 시민단체를 말하고 싶기 때문입니다). 그것은 중앙 정부나 지방 정부가 원하기도 하는 것으로 관변의 박수부대들이 아닌 야무진 시민 대표들을 적당하게 참여시킴으로써 민주적인 합의과정이라는 절차상의 정당성도 만들고, 그들의 개혁적이면서도 우수한 제안을 받아들임으로 열린 정부 혹은 참여정치의 이상을 공유하고 또 민관 협력사업이라는 아름다운 이름도 얻어낼 수 있었기 때문입니다.

이러한 장점과 관계들은 특히 지방에서 빛을 발했는데 지역의 모든 계층의 지지를 필요로 하고 여론을 순화시켜야 되는 민선 단체장들은 시민단체들과 밀월관계를 맺는 것이 최우선의 전략이 되기도 하였습니다. 시민단체가 단체장의 프로포즈를 거절할 이유를 찾는 데 부심하면서도 끝내 발견해내지 못했을 때 그들은 가장 이상적인 정치적 동지가 될 수 있었습니다. 서로 우호적인 관계에서 시민단체의 목표 지향적인 조급함과 선출직 단체장의 정치적 야망은 그렇게 잘 맞을 수 없는 한 쌍의 의식이 되었습니다.

시민단체에게 단체장의 후원은 보조금 지원과 지방행정에의 초대이고 단체장에 대한 시민단체의 후원은 정책과 사업에 대한 침묵입니다. 그것은 과거 군사정권시절 대표적인 관변단체들이 정부행정에 대해 가졌던 태도들과 큰 차이가 없습니다. 다만 그 당시에는 군사독재정권의 관변단체라는 용어의 가치가 너무도 선명하여 그 회원들은 자기들끼리는 헌법기구이고 국내 유일의 국제조직이라고 자부심을 가지면서도 대외적으로는 어디에도 명함을 내지 못하였던 것에 비해 지금의 시민단체들은 그렇지 않을 따름입니다.

시민단체의 가장 큰 능력 가운데 하나는 자기 정당화이기도 합니다. 그것은 앞에서도 말했던 것처럼 시민단체는 정당성과 공정성을 판단함에 있어 절대적인 권위를 확보하였다는 자기 인식 때문일 것입니다. 아무리 민주적인 절차를 거친 시의적절한 사업이라 하더라도 전문가나 비판적인 시민, 의회에 걸리지 않는 정책은 없습니다. 게다가 문제의식이 체질화되었고 문제제기가 습관화되다시피 한 시민단체의 침묵은 상당한 의구심을 갖게 만들기도 합니다. 그들은 의도적으로 침묵하던가 아니면 문제의식을 가지지 못할 정도로 변질되었던가, 그것도 아니면 아무것도 할 수 없을 정도로 활동력이 없다는 것 중 하나일 것입니다.

정부와 지방자치단체의 민간위탁사업이 환경, 교육, 복지, 장애우, 성폭력 예방, 청소년, 여성 등 모든 분야에서 확대되자 시민단체들은 전문 운동을 해체시키고 시민단체의 카르텔을 구축하였습니다. 수십 개의 단체가 몇 개의 대연합체로 거듭나거나 한두 개의 조직이 한 지자체의 행정조직과도 비슷하게 분과를 키웠습니다. 그들은 지자체의 모든 일에 개입할 수 있고 또 프로젝트를 들고 단체장과 직접 대면합니다. 다른 영리단체와 하등 다를 것이 없이 공익에 대한 관심과 책임보다는 자기들의 사업과 조직 유지가 중요한 목표가 되었습니다. 그런데 영리단체와 차이가 있다면 시민단체는 그 운영을 정부나 지자체의 돈으로 하려고 한다는 점입니다.

지방의회를 무력화시키는 또 하나의 걸림돌은 바로 이러한 시민단체와 단체장의 협력관계입니다. 지방의회가 그 정립 과정에서 여러 어려운 환경과 여건을 겪을 수밖에 없지만 단체장과 사업 파트너가 된 시민단체들을 지원하는 예산들이 수십 억씩 편성되어 제출되는 것도 지방의회를 힘들게 하는 환경 가운데 하나입니다. 이것은 시민단체들은 의도하지 않았고 그 현상에 대한 책임도 없다고 할지 몰라도 단체장으로서는 분명 의도하고 있었던 것으로, 시민단체는 단체장의 정치력과 친화력에 너무 쉽게 넘어갔다고 할 수 있습니다.

단체장은 새로운 사업을 시작하고 싶으면 의회가 아닌 시민단체의 허락을 미리 얻고, 그들이 제안하는 사업은 의회의 동의도 없이 집행하며, 의회가 반대하는 대규모 사업은 그들을 동원해 무마시킵니다. 그런 것들이 가능한 것은 의원들은 자기 동네 일로 모래알같이 흩어져 있었지만 시민단체는 뭉쳐 있었고, 의원들은 아쉽고 구린 면이 있어서인지 밀고 버티는 힘이 없었을지 모르지만 시민단체는 툭 하면 장구 치고 꽹과리 쳐댈 수 있는 힘이 있어서이기 때문일 것입니다. 그리고 지역의 언론은 의원들의 말보다 시민단체 대표들의 말을 더 선호합니다.

다른 어느 단체도 아니고 사회개혁을 목표로 한 시민단체는 사회발전의 비전을 지방자치제도에서 찾을 수 있는 대표적인 시민집단입니다. 그들의 사업에서 갈수록 많은 비중을 차지하고 있는 지방자치제도에 대한 연구와 지역공동체 사업을 볼 때 그들은 단체장을 만나기 이전에 의회를 찾았어야 하고, 그들이 우선시하고 중요하게 여겨야 할 기관은 집행부가 아니라 지방의회입니다. 그것이 그들의 모든 공동체 관련 사업에 대한 절차상의 정당성을 확보해주는 것입니다.

주민의 대표기관이며 입법과 사업 승인, 감사의 기능이 있는 지방의회에 관심을 가지고 지방의회를 통해 정책 제안을 하고 또 지방의원들을 모니터링하는 것이 그들의 지방자치에 대한 올바른 방향 설정입니다. 시민단체가 지방의원 후보를 내면서 다른 이익집단들이 후보를 내는 것과 차별성을 가지려고 하는 것은 바로 그런 기본 인식에서 출발한 것일 것입니다. 그러나 지방자치가 시작되고 나서도 한참 후에야 시민단체는 지방자치와 공동체 사업에 관심을 돌렸는데 그것도 단체장과 둘이서만 지방자치를 하고 싶어하는 것입니다.

시민단체들이 단체장의 사소한 호의와 자선에 넘어가 사업에 주력하고 조직의 운영비를 확보하려고 하는 것은 시민단체의 존재 의의와 방향성을 상실하는 것이라고 하지 않을 수 없습니다. 그들이 지자체에 손을 벌리거나 단체장의 보조를 받고 있는 한 그들이 무슨 말로 정당화하여도 그들은 단체장의 손 안에 있게 됩니다. 그들이 눈감아주고 동정하고 지지해도 무방한 정치인은 확실히 없음에도 불구하고 그들은 시민단체의 이름을 걸고 단체장이라는 정치인의 행동을 묵인하고 그럼으로써 이득을 취하려고 하고 있습니다. 시민들은 시민단체를 그들이 생각하는 것 이상으로 냉정히 바라볼 수 있는데 누구도 시민단체의 희생을 요구하지도 않을 뿐만 아니라 그들 스스로 내세우는 도덕성이나 투명성을 인정하지 않는 것이 그것입니다.

주민들의 의회 참관,
권리이지만 준비가 필요하다

주민들의 지방자치에 대한 가장 적극적인 참여는 말할 것도 없이 의원으로 입후보하여 당선되는 것입니다. 시민단체 활동가들이 단체의 추천으로 입후보하거나, 생활정치의 의미를 깨닫게 되는 여성들이 자발적으로 의회에 나서는 것이 그 가운데 가장 이상적인 경우라고 할 수 있을 것입니다.

시민단체와 여성들은 지방의회에 대해 공부를 할 기회를 스스로 얻기도 하는데 지방의회 참관이 그것입니다. 시민단체는 지자체의 사업과 정책에 관심을 가지면서 의회의 활동에 주목하지 않을 수 없게 되고, 정치참여의 뜻을 가진 여성들 역시 계획적인 의회 모니터링을 하게 됩니다. 그들뿐만 아니라 이해관계가 걸린 지역 사업을 결정할 때마다 해당 주민들이 의회의 회의를 참관하는 장면을 거의 모든 본회의장에서 볼 수 있습니다. 이 모두가 지방자치를 잘 활용하는 대표적인 경우입니다.

지방의회에서 주민과 시민단체의 의회 참관에 대해 의원들이 보이는 상반된 태도가 있는데 이해당사자들의 회의 참관에 대해서는 저지하거나 반대하지 않으면서 시민단체에 대하여는 거부반응을 보이는 것이 그렇습니다.

주민들은 그들의 이해가 달렸기 때문에 참관을 인정할 만하지만 이해당사자가 아닌 시민단체의 참관은 의원들 자신의 의식과 행위를 검증하기 위해서인 것 같아 심히 거슬리는 모양입니다. 거기다가 그 시민단체 참관자들은 결과물까지 만들고 또 그것을 낙선운동으로 써먹을 기세입니다. 그런 관계에서 의원들과 시민단체의 갈등은 끝없을 듯 계속됩니다. 해마다 정례회기가 되면 상임위원회 참관을 거부하는 의회를 비판하는 기사가 언론을 장식하는 것도 연례행사처럼 되었습니다.

시민단체와 의원들이 매번 극심하게 충돌하는 이유는 단순합니다. 결정권을 가지고 있는 의원들의 눈치를 아무래도 볼 수밖에 없는 주민들이 고분고분하고 조용한 것과는 달리 시민단체는 의원들을 무지한 집단 취급하면서 완강하고 거칠게 자신들의 요구가 받아들여지기만을 우기고, 또 의원들은 의원의 고집과 권위로 그것을 막는데 거의 의원들 뜻대로 되기 때문입니다. 의회에서는 사실 시민단체가 근거로 삼는 규칙이나 법이 통하지 않습니다. 의회 안에서 의원들과 관계된 모든 일의 결정은 의원 자신이 합니다. 주민이 의회를 참관할 수 있는 권리는 법적으로 명시되어 있지만 그것을 허용하는 것은 의원들에게 달려 있습니다. 그 결정 과정이 재미있습니다.

의회에는 물론 여러 성향과 출신의 의원이 있기 때문에 주민의 권리로서 회의 참관을 허용하자는 주장이 살아 있고 또 의회의 경륜이 쌓이면서 참관을 허용하는 분위기가 지배적인 것은 사실입니다. 그러나 어느 누구보다 목소리가 큰 사람들은 시민단체의 회의 참관에 대해 불쾌감을 가장 많이 갖는 의원들입니다. 그들은 주민들이 준 권위를 자신들의 생득적인 것으로 착각하고 의회를 대단히 권위적인 조직으로 만드는 장본인들로 그 대표적인 철학이 '누가 감히 의원을 감시하냐'입니다.

보통 밖에서 회의를 참관하겠다고 아우성칠 때 회의장 안에서도 심각한 논쟁들이 오가기 마련인데 결국은 표결할 수밖에 없기도 합니다. 그러나 표결의 결과가 거의 개방하지 않겠다는 쪽으로 나오는 것은, 의원들은 사실 그런 식의 참관이 진정으로 불편하기 때문입니다. 언론과 시민사회의 어떠한 비난에 대해서도 의원들이 끄덕 없는 것은 단체행동에 대해서는 책임을 느끼지 않아서이고, 또 참관시켜 놓고 눈치보는 것보다 욕을 좀 얻어먹더라도 참관시키지 않고 홀가분하게 있고 싶어서입니다.

그렇다고 의원들이 아주 일방적으로 회의 참관을 거부하는 것만은 아닙니다. 의회의 여러 곳에 회의를 모니터링할 수 있는 수상기와 편하게 시청할 수 있는 자리를 마련해주고서 상임위원회 회의장으로만 들어오지 말라는 것입니다. 이런 상황에서 기를 쓰고 회의장안으로 들어 오려는 시민단체 회원들과 갈등을 겪는 것입니다.

시민단체 회원들이 현장에서 직접 모니터링하고 싶어하는 이유가 있습니다. 의원늘의 이석 현황을 직접 보고 싶다는 것과, 또 하나 모니터실에서 듣는 것으로는 오간 내용이나 상황을 파악하기가 어렵다는 것입니다. 첫 번째 이유에 대해서는 나중에 말하기로 하고 이 두 번째 이유는 참으로 타당합니다.

처음 의회가 구성되고 의회의 모든 설비와 집기를 시설한 것은 공무원입니다. 제안을 하고 질문에 답변해야 하는 공무원은 적고 의원들의 수는 많아서 경비를 아끼려고 했다고 이유를 대겠지만 답변석의 공무원이 사용하는 마이크는 성능이 좋은 주먹만한 마이크인 반면 의원들 테이블에 있는 마이크는 가까이 입을 대고 또박또박 힘을 주고 말해야만 되는 새끼손가락 끝마디 만한 마이크입니다. 정말 돈이 아까워서인지 말 듣기가 귀찮아서인지는 모를 일입니다만 공무원들의 의회에 대한 태도를 알 수 있게 하는 하나의 사례가 되고도 남습니다.

거기에다가 발언의 내용보다는 발언하는 그 자체가 주목적인 일부 의원들은 마이크와 멀찌감치 떨어져 의자에 몸을 딱 버티고 앉아 집행부에 대해 훈시도 하고 따지기도 합니다. 물론 회의장 안에서는 다 알아들을 수 있습니다만 구태여 잘 취록되어 밖으로 널리 널리 퍼져 나갈 것이 없는 것은 그 말하는 의원의 태도로나 내용으로 보아 분명합니다. 수상기를 보면서 그것을 다 알아들으려고 하는 참관인들이 답답한 것은 당연한 일입니다.

그러나 시민단체가 의정 모니터링을 하고자 하는 목표와 목적이 분명해야 할 필요가 있습니다. 그렇게까지 갈등을 일으키면서 해야 하는 의정 모니터링에 대한 책임의 선도 정확하게 그어져야 합니다. 시민들은 의회에 대하여 무조건적이고 일방적인 감시와 비판만 할 수 있는 것은 아닙니다. 시민단체가 의정 모니터링을 통해 의회 활동을 이해하려 하거나, 하나의 정책에 관심을 가져 그 결정 과정을 주의 깊게 분석하고자 하는 것, 그리고 의원들을 평가하여 차기에 반영시키기 위한 것은 각각 방법이 달라야 됩니다.

지방의회에 대한 관심이라면 아주 편안하고 다양한 방법으로 의회에 접근할 수 있습니다. 그 회기만 지나면 회의록도 마음껏 열람할 수 있습니다. 그러나 의원들을 평가하고 정책의 변화를 목적으로 하는 것이라면 모니터링을 하는 사람들 자신이 철저하게 준비해야 되는 것이 있습니다. 그것은 의원들과 똑같이 회의에 시종 참여할 수 있는 시간입니다. 의원들이 하는 모든 회의에 참석해야 하고 심지어는 의원들의 시찰에도 따라다닐 수 있어야 합니다. 물론 자비로 말입니다.

그리고 정책에 대한 주민들의 관심을 환기시키기 위해서나 정책 변화를 목적으로 하는 것이라면, 의회에 상정되는 안건이나 조례안에 대해서도 의원들 못지 않게 연구를 해야 됩니다. 의정활동이라고 할 수 있는 모든 일을 필요하다면 전문가까지 동원시켜 다 평가하고 나서 자료집도 내고 보고서도 내야 할 것입니다. 이렇게까지 해야한다면 의원이 되지 뭐하러 의정모니터링을 하겠느냐고 반박할 수 있습니다. 그러나 여기에 시민운동과 정치활동의 본질적인 차이가 있습니다. 자발적 의식과 정치적 의식의 순수성과 힘의 차이 말입니다.

하나를 보면 열을 알 수 있는 안목이 어느 누구한테나 있습니다. 의원들의 발언 한 마디, 지각과 불참과 이석들은 의원의 기본 자질을 파악하는 데 중요한 단서가 됩니다. 그러나 그런 단서들을 가지고 의회를 제대로 평가하고 싶으면 적어도 임시회나 정기회의 모든 회의에 참석하고 볼 일이라는 것입니다. 임의적이고 우발적인 선택으로 회의장에만 들어가 의회 평가집을 발간하려 하는 시민단체의 실적 위주의 활동이 의회의 반발을 불러온다는 것도 시민단체가 알아야 할 상식이기도 합니다.

시민운동,
순결과 평화의 정신으로 세상을 감동시키는 일

정치와는 다른 일 가운데 가장 정치적인 일이 시민운동입니다. 인간 사회를 유지·발전시키는 제도와 법을 만들어내는 일이 정치라고 한다면, 제도와 법의 문제점을 드러내고 또 개혁하려는 일반인들의 움직임이 시민운동입니다. 그런 의미에서 시민운동은 정치활동 못지않게 역동적이고 주체적인 인식을 배양시킵니다. 오히려 정권잡기가 주된 목적이 되는 정치보다 더욱 순수하고 공익적이라는 면에서 이상과 열정을 다하여 참여할 수 있는 일이 시민운동입니다.

시민운동은 자발성과 헌신성, 그리고 이타성의 정신이 있어야 시작할 수 있습니다. 자신의 능력과 열정을 다른 사람과 사회를 위해

쏟을 수 있는 것은 어떠한 물질의 보상과는 차원이 다른 기쁨과 만족을 줍니다. 그렇기 때문에 시민운동은 정치와 사회 문제의 핵심에 있다는 자부심과 함께 정치인 이상의 명예심을 가질 수 있습니다. 시민운동은 인간이 할 수 있는 일 가운데 참으로 신나는 일이며 보람 있는 일입니다.

그러나 시민사회의 분위기가 익어가고 또 시민운동이 사회 변화의 중요한 기폭제로서 인정받아가는 한편에서 시민운동과 시민단체 활동가에 대한 사회의 불신과 비판의 골도 갈수록 깊어집니다. 그 가운데 하나 가장 흔한 비판인 '시민운동의 정치화'는 정치 현장에서 말하는 그 모든 의미를 포함하고 있습니다. '변화'와 '개혁'의 공동 주체로서의 정치적 역할은 물론 있지만, 실리를 추구하고 집단 이기주의에 의해 움직이는 것은 정치인과 다를 바가 없다는 말이기도 합니다. 시민단체와 활동가에 대한 인정과 비판은 결코 별개의 대상, 별개의 상황에 대한 것이 아닙니다. 그들이 비판을 받는 것은 시민운동의 정신이 다시 무기가 되어 자신을 찌르는 것에 지나지 않습니다.

시민운동가들은 거의 모든 방면에서 국가와 사회구성원에 나타날 물질적·정신적 폐해와 폐단들을 예견하고 건전한 가치관과 방향을 제시하며 투쟁하고 운동하는 사람들이라, 그들 자신이 그 가치관과 방향에 부합되는 원칙적인 삶을 살아야 되는 것은 말할 것도 없습니다. 정치인들의 부도덕함과 무원칙성을 비난하고 일반인들의 무책임과 비상식성을 지적해대는 손가락이 자기 자신을 향해서도 되돌릴 수 있는 원칙을 가지지 않고서는 사회 속에 있는 여러 집단 가운데 하나에 불과하게 될 것입니다.

시민운동은 타고난 정신과 감각으로 하는 일도 아니고 또 한 번 발을 디뎠다고 돌이 굴러가듯 굴러가서도 안 되는 일입니다. 시민운동도 끝없는 자기 부정 속에 제정신을 가다듬어야만 하는 일 중의 하나입니다. 시민운동가에게 제도와 법과 상식에 대해서 알고 또 만물박사가 되려고 공부하고 애쓰는 일보다 더 중요한 일은 시민운동을 시작한 자신의 정신, 그리고 시민운동의 기본이 되는 정신을 지키기 위해 단련하는 일일 것입니다. "도덕적으로 모든 자기 부정은 영혼을 위해 좋다"는 간디의 말은 시민운동을 하는 사람들에게 더욱 유효할 것입니다.

국가적인 문제와 지역 사회의 거의 모든 쟁점에 시민단체와 운동가들이 관여하면서 시민운동은 분화되어가는 사회의 한 쪽 시각을 드러내는 강력한 존재가 되었습니다. 이 말은 이전처럼 시민운동이 사회·정치의 도덕적이고 이념적인 기준을 대표한다는 말이 아니라, 상대적인 운동으로 인식된다라는 말이기도 합니다. 이것이 시민들이 시민운동을 보는 시각입니다. 무엇보다 사람들은 시민운동에 무조건적으로 보여주었던 존경과 감사를 거두어버린 것입니다.

그리고 또 하나, 사람들은 지금 우리가 정보와 지식의 최첨단에 있어 자신이 아는 것이 진실이고 상식이라고 믿어버리며 다른 사람의 처지와 인식에 좀처럼 다가가려 하지 않습니다. 그러면서 시민운동을 하는 사람들을 수선이나 피우고 할 일 없이 분란이나 만드는 사람으로 매도해버립니다. 이제 누가 나섰으니 그 일은 보지 않아도 시비가 뻔하다 이것입니다. 이것은 지난 십수 년 동안 시민운동 한다는 사람들이 국민에게 가르쳐준 일이기도 하지만, 이런 냉소와 무관심 앞에 시민운동을 하는 사람들 가운데 어떤 이들은 목숨을 내거는 투쟁을 불사하게 됩니다. 극단적이고 절망적인 상황으로 국민들이 자꾸 갈라지고 있는 것입니다.

여기에 시민운동을 하는 사람들에게 또 할 일이 남아 있고 그 일을 해주어야 한다고 기대하는 것이 있습니다. 그것은 사람들을 감동시키는 일입니다. 사람들의 이상에 따르는 것입니다. 어쩌면 사람들의 정신적인 욕구를 맞추는 일이 시민운동가의 최후의 사명인지도 모릅니다. 사람들이 세상과 사람들에 대해 갖고 있는 기대를 환상이라 내몰지 않고, 우리가 만들어야 하고, 또 그렇게 되어야 하는 세상이라고 믿으며 그런 일들을 해주는 것입니다.

사람들의 기대를 한 번 볼까요? "세상은 안전하고 아름답다. 성직자는 고결하며 신의 뜻을 알고 행하는 사람이다. 정치인은 국가와 국민을 위하는 사람이다. 학자는 지성적이며 선비적인 삶을 산다. 그리고 시민운동가는 정의로우며 희생적이다." 사람들은 그것을 환상이라 하지 않고 기대라고 하면서 이렇지 못한 세상과 사람들에 대해 분노하고 비난합니다. 사실 이상한 일이지요. 사람들이 성직자가 아니고 정치인, 학자, 시민운동가가 아님에도 불구하고 그들이 어떤 삶을 살아야 될 것인가는 그들 자신보다 더 잘 알고 있습니다. 사람들의 허탈과 불신과 냉소와 비난 뒤에는 이러한 가치들에 대한 생래적인 앎이 전제되어 있는 것입니다.

시민운동이 성공하고 시민운동가들이 자신들의 희생과 헌신에 합당한 명예를 되찾기 위해서는 자신을 기대 받는 인간상으로 스스로 올려놓는 길밖에 없습니다. 외침과 나섬으로 스스로 세워놓았을 뿐, 어느 누구도 인정하지 않는 자기 정의와 명망에서 벗어나 사람다운 눈으로 자신을 살펴보는 것입니다. 그러고도 시민운동을 해야 한다는 내적 명령을 거역하지 못할 때, 그때는 순결하고 평화로운 영혼이 내뿜는 힘과 감동을 사람들이 느낄 수 있게 될 것입니다. 그렇지 않으면 시민단체가 무슨 운동을 한다고 해도 결국은 공권력이나 권력자들의 힘에 지배되고, 운동이 아니라 삶의 한 방편에 지나지 않게 될 것입니다.

시민운동, 간디처럼

시민운동의 정신을 보통 민주성과 도덕성과 공익성이라고 하는데 여기에 갈수록 더욱 중요한 정신은 진리에 봉사하는 것과 생명을 사랑하는 것입니다. 이는 간디가 후세에 남긴 교훈이기도 합니다. 변호사 자격증 하나만 가지고 생계를 위해 남아프리카로 간 이래로 죽는 순간까지 간디의 삶은 시민운동으로 점철되었습니다. 그것이 크게는 독립운동이고 인권운동이며 사회봉사운동이지만 내용을 보면 노동자운동, 농민운동, 교육운동, 조세저항운동, 먹을거리운동, 보건운동, 생활환경개선운동, 기근구제운동 등 간디는 자신의 깨달음과 인류 사랑의 정신을 그대로 운동으로 펼쳤습니다. 간디는 그것을 피할 수 없는 사명이요, 또 최대의 기쁨으로 알았습니다.

간디의 그 모든 운동 중 어느 것 하나도 수박 겉핥기가 되거나 명망을 쌓기 위해 일회성으로 된 것은 없습니다. "한 번 시작한 것은 도덕적으로 잘못이라는 것이 증명되지 않는 한 내던져서는 안 된다는 성자의 격언을 따랐다"는 간디의 말이 그것을 증명합니다. 간디가 한 일은 자신을 위해 한 것도 없을 뿐만 아니라 또 자기 혼자 한 것도 없고, 사람들과 함께 일했습니다. "나에게는 특성이 있었으니 그것은 언제나 내게 좋은 것이라고 느껴진 것에는 다른 사람들도 함께 참여시키고 싶어하는 것"이었습니다.

그 일이 100년 전부터의 일임에도 불구하고 간디의 운동은 시대와 국가를 초월하여 모든 억압받는 민족, 비인간적이고 불평등한 환경 속에 있는 시민에게 적용될 수 있는 것임에 놀라움을 금할 수 없습니다. 간디의 운동은 처음부터 끝까지 그 방법에서나 정신에서 오늘날의 시민운동에 중요한 지표를 제시해주고 있습니다. 간디는 운동의 최고 목표는 국민에의 봉사라고 못박습니다. 그리고 시위운동의 필요성과 또 시위운동을 하기 위해서는 공공단체를 조직해야 한다는 것에서부터 단체의 명칭, 조직의 운영에 관한 문제점들을 체득하고 원칙을 세웠는데 그것은 지금의 시민운동이 금과옥조로 세워도 전혀 흠이 없을 것들입니다.

간디는 무엇보다 단체의 운영은 회원의 자발적인 회비로 운영되어야 하고, 공공사업은 결코 빚을 져서는 안 된다고 강조했습니다. 회비 수금을 위해 오지까지 며칠의 힘든 여행을 다니기도 하였습니다. 간디의 공공사업이 얼마나 투명했는가도 명약관화합니다. "장부 기록이 없으면 오해를 산다. 분명하게 기록된 장부 없이 진실을 깨끗이 지키라는 것은 불가능한 일이다." 진리에의 열정은 한 사람을 이렇게 치밀하고 능숙하게 만드는 것입니다.

간디의 경험은 오늘날 시민운동 단체들이 갖는 금전적인 딜레마를 풀어주기도 합니다. "많은 공공기관을 운영해본 경험의 결과 내가 확신하게 된 것은, 공공기관을 영구기금으로 운영하는 것은 좋지 않다는 것이다. 영구기금이란 그 속에 그 기관의 도덕적 타락의 씨가 들어 있다. 공공기관이라는 것은 그 뜻이 공중의 찬성과 공중에게서 나오는 기금으로 운영된다는 데 있다. 영구기금에 의해 유지되는 기관은 흔히 공중의 의견을 무시하는 일이 있고, 공중에 반대되는 처사를 행하는 책임이 그것으로부터 비롯되는 일이 많다. 공공기관도 자연과 마찬가지로 그날그날 살아가는 것이 이상적이라는 이라는 것이, 의심할 여지없이 옳다고 나는 생각한다. 공중의 지지를 받지 못하는 기관은 존재할 권리가 없다." 정부나 지자체에 기금을 당연하게 요구하고, 또한 보조금으로 사업만이 아니라 편법 회계를 써 단체를 유지시키려고 하는 시민단체들이 자기들의 책임을 더 이상 외부로 돌리지 않아야 되는 이유가 확실합니다.

간디만큼 민중들의 의식을 이해하고 꿰뚫은 사람도 없을 것입니다. 간디는 민중들의 이기적이고도 무지한 의식 상태를 비난하지 않고 다 이해하였습니다. "대중의 태도에는 아주 두드러진 두 가지 차이가 있다. 즉, 흥분되는 일은 굉장히 좋아하고, 조용하고 건설적인 것은 좋아하지 않는다. 나는 이를 알았기 때문에 동조자가 적어도 조금도 섭섭하게 여기지도 이상하게 여기지도 않았다." 자기들의 일만이 가장 중요하고 우선시 되어야 한다고 믿으며, 방관자와 반대자들을 무시하고 배척하는 시민운동의 독단성은 간디 앞에서 빛을 잃고 맙니다.

간디의 인식은 냉정하고 솔직하기만 합니다. "민중들에게 무슨 일이라도 하게 하려면 무한한 인내가 있어야 한다. 개혁을 하자고 애쓰는 것은 개혁가이지 사회가 아니다. 개혁가는 사회에 대해서 반대와 증오와, 목숨까지라도 빼앗을 박해 이상의 것을 기대해서는 안 된다. 개혁가가 생명처럼 중히 여기는 것을 사회가 퇴보라고 생각하지 못한다는 법이 어디 있겠는가?" 이러한 사실을 보지 못하는 시민운동은 결국 자기기만에 빠져 있는 것이라고밖에 할 수 없는 것입니다. 간디는 자신을 죽이려는 폭도에 대해서조차 이렇게 생각했습니다. "나는 그들이 하고 있는 일을 스스로 정당하고 진정으로 옳다고 믿는 줄로 안다. 그러니 나는 그들에 대해 노할 이유가 없다."

민중에 대한 지극한 이해는 함께 일하는 사람들, 자신을 사소하게라도 도와준 사람에 대해 하나하나 깊은 감동을 가지게 만들고도 남습니다. 간디는 그들의 이해와 도움을 자기에 대한 '감사와 축복'의 행위로 인식하고 있는 사람입니다. 간디는 사람의 진면목을 보며 그 진심 앞에 한없이 감사합니다. 그리고 한 사람 한사람의 도움을 결코 소홀하게 여기지도 않을 뿐만 아니라 잊지도 않습니다. "내가 만일 그녀에 대해 아는 것을 말하지 않고 있다면 내가 진리에 대해 거짓을 행하는 것이 될 것이다." 간디는 자기 일을 도와준 백인 여성에 대한 기억을 '거룩한 회상거리'라고 말합니다.

정부 위원회에의 참여에 대해서도 간디는 일가견을 이룹니다. 최근 몇 년 사이 이해집단간의 대결이 첨예해지면서 시민운동가들은 정부나 기관의 조사활동에 위원으로 참여하게 되는 기회가 많아졌는데, 참여자들이 제 역할을 못해내고 정부의 뜻에 동화되어버리면서 오히려 시민운동을 변질시키거나 단체에 불명예를 안겨주는 일이 빈번하게 드러났습니다. 간디는 대규모 농민 시위를 주도하다가 정부의 권유로 조사위원회에 참여했는데 사전에 동료들과 협의하고 동의를 얻었습니다. 그리고 다음과 같은 조건을 인정받고 나서 조사위원회에 참여하였습니다. "조사가 진행될 동안 동료들과 자유로이 협의할 수 있을 것, 정부는 내가 그 위원회의 위원이지만 농민들의 대리인 역할은 계속한다는 것을 인정할 것, 조사의 결과가 내게 만족스럽지 못할 경우 나는 농민들이 취할 행동에 대해 자유로이 지도하고 조언할 수 있을 것." 간디의 태도는 이토록 단순하고 선명하건만 시민운동을 한다는 사람들의 태도를 종잡을 수 없이 만드는 것은 도무지 무엇인지 모르겠습니다.

간디의 운동 정신을 어떻게 이루 다 말할 수 있을까요. 그러나 무엇보다 빼놓을 수 없는 것은 간디의 특기라고도 할 수 있는 '자기점검'과 '자기부정'의 정신입니다. "언제나 스스로 수정할 태세를 갖추고 있어야 하고, 자신이 잘못임을 알았을 때는 무슨 일이 있더라도 그것을 고백하고 속죄해야 할 것이다." 자신의 자존심이나 단체의 명예를 위해 오류를 끌고 가거나 진실을 가리는 일은 간디에게는 가능하지도 않을 뿐더러 또한 필요하지도 않은 일입니다. "공개집회에서 연설을 하면서 내 잘못을 고백했을 때 사람들로부터 적잖이 조소를 받았지만 나는 그 고백을 조금도 후회하지 않는다. 왜냐하면 나는 언제나 사람은 자기 잘못은 돋보기로 보고, 남의 잘못은 그 반대로 보아야 둘을 정당하게 비교하여 평가할 수 있는 자리에 설 수 있다고 여기기 때문이다."

간디는 진실의 물로 샤워를 해야 개운한 사람입니다. 진정, 간디의 자기부정은 그 깊이를 헤아리기 어려울 정도입니다. 자기를 따르는 노동자 시위대들의 일부가 격렬한 행동을 취해 충격과 상처 속에 있는 중에도 간디는 스스로에게 묻습니다. "내 이런 감정이 자존심인가, 아니면 노동자에 대한 사랑이며 진리에 대한 열정인가? 누가 이것을 말할 수 있을까?"

보통 사람들에게 시민운동은 희생이고 어려운 길이지만 시민운동을 하는 사람들에게는 희열과 만족이 있습니다. 그러나 진정 시민운동이 간디의 정신과 같은 것으로 재무장하지 않고는 사람들의 사랑과 존경을 되찾을 수는 없을 것입니다. 간디는 "내 기원은 순결한 것이었기 때문에 잘못이 있음에도 나는 구원이 되었다"고 말합니다. 시민운동의 보람은 사회적인 보상이 아니라 내적 충만인 것이고 진리에 가까이 가는 특권을 얻는 것입니다. 간디가 말하는 시민운동의 바탕은 이것입니다. "우리는 남을 감화시키는 힘을 가져야만 하며, 감화시키는 힘 없이 사회에 봉사하기는 불가능하다."